Kuhli/Papenfuß

Die strafprozessuale Zusatzfrage

Die strafprozessuale Zusatzfrage

Repetitorium für das erste juristische Examen

von

Dr. iur. Dr. phil. Milan Kuhli
o. Professor
an der Universität Hamburg

Judith Papenfuß
Wissenschaftliche Mitarbeiterin
an der Universität Hamburg

2023

C.H.BECK

www.beck.de

ISBN 978 3 79374 5

Wilhelmstraße 9, 80801 München
Druck: Beltz Grafische Betriebe GmbH,
Am Fliegerhorst 8, 99947 Bad Langensalza

Satz: DTP-Vorlagen der Autoren
Umschlaggestaltung: Druckerei C.H.Beck Nördlingen

chbeck.de/nachhaltig

Gedruckt auf säurefreiem, alterungsbeständigem Papier
(hergestellt aus chlorfrei gebleichtem Zellstoff)

Vorwort

Haben Sie sich im Laufe Ihres Jurastudiums schon einmal mit dem Strafprozessrecht befasst und stehen nun vor dem ersten Staatsexamen? Dann gehören Sie zur Zielgruppe dieses Buches. Die Erfahrung zeigt, dass immer mehr Strafrechtsklausuren im Staatsexamen nicht nur aus einem (großen) materiell-strafrechtlichen Fall bestehen, sondern auch aus einer (kleinen) Zusatzfrage, mit der das Basiswissen im Strafprozessrecht geprüft werden soll.

Unser Anliegen ist es, in einem komprimierten Werk Studierende mit Vorkenntnissen auf die strafprozessuale Zusatzfrage vorzubereiten. Dies bedeutet, dass Sie in diesem Werk keine systematische Darstellung des im Grund- oder Hauptstudium relevanten Klausurwissens im Strafprozessrecht erhalten. Beispielsweise finden Sie im vorliegenden Werk keine tiefergehenden Ausführungen zu strafprozessualen Instituten wie der Nebenklage oder der Beschwerde. Diesbezüglich verweisen wir Sie gerne auf die vielen sehr guten strafprozessualen Lehrbücher, die es auf dem Markt gibt. Wir möchten Sie stattdessen auf diejenigen Probleme und Fragen vorbereiten, die regelmäßig in der strafprozessualen Zusatzfrage im ersten juristischen Staatsexamen geprüft werden. Aus diesem Grund liegt unserem Buch im Kapitel B eine Gliederung zugrunde, die anhand der üblichen Fragestellungen aufgebaut ist. Für einen schnellen Wiedereinstig in die strafprozessuale Materie bieten wir in Kapitel A einen kurzen Überblick zum Gang des Strafverfahrens usw. Kapitel C enthält Hilfestellungen zur Klausurvorbereitung.

Die Zielsetzung dieses Buches spiegelt sich auch in der Zitierweise wider. Da Sie üblicherweise in den Examensklausuren keine exakten Fundstellen wiedergeben müssen, haben wir auf Zitierungen verzichtet, soweit wir die gängige und allgemein vertretene Sichtweise (etwa zu Definitionen) wiedergeben. Nur soweit es uns – etwa als Vertiefungshinweis – sinnvoll erschien, haben wir die betreffenden Aussagen zitiert. Die dabei berücksichtigte Literatur und Rechtsprechung befindet sich auf dem Stand vom 30. April 2023.

Das Buch beinhaltet eine abstrakte Darstellung der Materien und acht ausformulierte Fälle, die in Kästchen in den darstellenden Teil integriert sind. Entsprechendes gilt für zahlreiche Klausurtipps, Exkurse, Vertiefungen, Beispiele und terminologische Hinweise. Um den Text möglichst kurz zu halten, nutzen wir im abstrakten Teil durchgehend das generische Maskulinum. Selbstverständlich beziehen sich die Ausführungen auf sämtliche Geschlechter.

Das Buch bildet eine Gemeinschaftsarbeit von Judith Papenfuß und Milan Kuhli. Aus dem ehemaligen Lehrstuhlteam möchten wir an dieser Stelle Jan Hendrik May für seine herausragende Mitarbeit bei der Konzeption des Werkes danken. Dank gebührt auch Judith Zemmrich für ihre freundliche Bereitschaft, das Manuskript zu diesem Lehrbuch zu lesen und ein Feedback aus studentischer Perspektive zu geben. Soweit Sie Anregungen und Verbesserungsvorschläge haben, sind Sie ebenfalls herzlich eingeladen, sich an uns (gerne per Mail an milan.kuhli@uni-hamburg.de) zu wenden.

Schließlich möchten wir auch dem Verlag C.H.Beck für die Aufnahme dieses Buches in die Schriftenreihe „Jurakompakt. Studium und Referendariat“ danken. Ein besonderer Dank gebührt Dr. Klaus Winkler für die umsichtige Betreuung der Drucklegung.

Hamburg, Mai 2023 *Judith Papenfuß & Milan Kuhli*

Inhaltsverzeichnis

Fallübersicht

Abkürzungsverzeichnis

a.A.	andere Ansicht
abl.	ablehnend
Abs.	Absatz
Abschn.	Abschnitt
a.E.	am Ende
a.F.	alte Fassung
AG	Amtsgericht
Alt.	Alternative
Art.	Artikel
AT	Allgemeiner Teil
Aufl.	Auflage
Az.	Aktenzeichen
Bd.	Band
Bde.	Bände
BeckOK-GG	Beck'scher Online-Kommentar Grundgesetz
BeckOK-StPO	Beck'scher Online-Kommentar StPO mit RiStBV und MiStra
Beschl.	Beschluss
BGB	Bürgerliches Gesetzbuch
BGBl.	Bundesgesetzblatt
BGH	Bundesgerichtshof
BGHSt	Entscheidungen des Bundesgerichtshofs in Strafsachen
BR-Drucks.	Verhandlungen des Deutschen Bundesrates, Drucksachen
Bsp.	Beispiel
Bspe.	Beispiele
bspw.	beispielsweise
BT	Besonderer Teil
BT-Drucks.	Verhandlungen des Deutschen Bundestages, Drucksachen
Buchst.	Buchstabe
BVerfG	Bundesverfassungsgericht
bzgl.	bezüglich
BZRG	Bundeszentralregistergesetz
bzw.	beziehungsweise
Def.	Definition
ders.	derselbe
d.h.	das heißt
dies.	dieselbe/dieselben

e.A.	eine Ansicht
ebd.	ebenda
Ed.	Edition
EGGVG	Einführungsgesetz zum Gerichtsverfassungsgesetz
EGMR	Europäischer Gerichtshof für Menschenrechte
Einf.	Einführung
eingel.	eingeleitet
EMRK	Europäische Menschenrechtskonvention
Entsch.	Entscheidung
et al.	et alii
europ.	europäisch/europäische/europäischer/europäisches
f.	und der/die/das Folgende
ff.	und die Folgenden
FG	Festgabe
Fn.	Fußnote
FS	Festschrift
GA	Goltdammer's Archiv für Strafrecht
gem.	gemäß
GG	Grundgesetz
ggf.	gegebenenfalls
grds.	grundsätzlich
GS	Gedächtnisschrift
Halbbd.	Halbband
hM	herrschende Meinung
HmbGVBl.	Hamburgisches Gesetz- und Verordnungsblatt
HRRS	Höchstrichterliche Rechtsprechung im Strafrecht
Hrsg.	Herausgeber/Herausgebendes Organ
hrsgg.	herausgegeben
Hs.	Halbsatz
i.d.F.	in der Fassung
i.d.R.	in der Regel
i.d.S.	in diesem Sinne
i.E.	im Erscheinen
i.e.S.	im engeren Sinne
insb.	insbesondere
i.R.d.	im Rahmen der/des
i.S.	im Sinne
i.S.d.	im Sinne der/des
i.S.v.	im Sinne von
i.V.m.	in Verbindung mit
i.w.S.	im weiteren Sinne
JA	Juristische Arbeitsblätter
JGG	Jugendgerichtsgesetz
JR	Juristische Rundschau
jur.	juristisch/juristische/juristischer/juristisches

Jura	Jura. Juristische Ausbildung
JuS	Juristische Schulung. Zeitschrift für Studium und Ausbildung
JZ	Juristenzeitung
Kap.	Kapitel
KG	Kammergericht
KK-StPO	Karlsruher Kommentar zur Strafprozessordnung mit GVG, EGGVG und EMRK
krit.	kritisch
LG	Landgericht
LOStA	Leitender Oberstaatsanwalt
Ls.	Leitsatz
m.	mit
MiStra	Anordnung über Mitteilungen in Strafsachen
Ms.	Manuskript
MüKo-StGB	Münchener Kommentar zum StGB
MüKo-StPO	Münchener Kommentar zur StPO
m.w.N.	mit weiterem Nachweis/mit weiteren Nachweisen
n.F.	neue Fassung
NJW	Neue Juristische Wochenschrift
NJW-RR	NJW-Rechtsprechungs-Report
NK-StPO	NomosKommentar zur Strafprozessordnung
Nr.	Nummer
Nrn.	Nummern
NStZ	Neue Zeitschrift für Strafrecht
NStZ-RR	Neue Zeitschrift für Strafrecht; Rechtsprechungs-Report
OLG	Oberlandesgericht
OWiG	Gesetz über Ordnungswidrigkeiten
RiStBV	Richtlinien für das Strafverfahren und das Bußgeldverfahren
Rn.	Randnummer
Rspr.	Rechtsprechung
S.	Satz/Seite
s.	siehe
sog.	sogenannte/sogenannter/sogenanntes
Sp.	Spalte
StA	Staatsanwaltschaft
StGB	Strafgesetzbuch
StPO	Strafprozessordnung
str.	strittig
StrÄndG	Strafrechtsänderungsgesetz
StrRG	Gesetz zur Reform des Strafrechts/Strafrechtsreformgesetz

StV .... Strafverteidiger
StVollzG .... Gesetz über den Vollzug der Freiheitsstrafe und der freiheitsentziehenden Maßregeln der Besserung und Sicherung (Strafvollzugsgesetz)

u. .... und
u.a. .... und andere/unter anderem
Urt. .... Urteil

Var. .... Variante
Verf. .... Verfasser
vgl. .... vergleiche
VO .... Verordnung
Vorbem. .... Vorbemerkung
vs. .... versus

wistra .... Zeitschrift für Wirtschafts- und Steuerstrafrecht

z.B. .... zum Beispiel
Ziff. .... Ziffer
zit. .... zitiert
ZJS .... Zeitschrift für das Juristische Studium
ZStW .... Zeitschrift für die gesamte Strafrechtswissenschaft
zugl. .... zugleich

Literaturverzeichnis

Barthe, Christoph/ *Gericke*, Jens (Hrsg.) — Karlsruher Kommentar zur Strafprozessordnung mit GVG, EGGVG und EMRK, 9. Aufl., München 2023. – Zit.: *Bearbeiter*, in: KK-StPO.

Becker, Jörg-Peter u.a. (Hrsg.) — Löwe-Rosenberg, Die Strafprozeßordnung und das Gerichtsverfassungsgesetz, Großkommentar, Band 4/2 und 7, 27. Aufl., Berlin u.a. 2021. – Zit.: *Bearbeiter* in: Löwe-Rosenberg-StPO, Bd.

Beulke, Werner/*Swoboda*, Sabine — Strafprozessrecht, 16. Aufl., Heidelberg u.a. 2022. – Zit.: *Beulke/Swoboda*, Strafprozessrecht.

Bockemühl, Jan — Handbuch des Fachanwalts Strafrecht, 8. Aufl., Köln 2021. – Zit.: *Bockemühl*, Handbuch des Fachanwalts Strafrecht.

Engländer, Armin — Examens-Repetitorium Strafprozessrecht, 11. Aufl., Heidelberg 2022. – Zit.: *Engländer*, Examens-Repetitorium.

Epping, Volker/ *Hillgruber*, Christian (Hrsg.) — Beck'scher Online Kommentar Grundgesetz, 54. Ed. (Stand: 15. Februar 2023), München 2023. – Zit.: *Bearbeiter*, in: BeckOK-GG.

Erb, Volker/ *Schäfer*, Jürgen (Hrsg.) — Münchener Kommentar zum StGB, 4. Aufl., München 2020 ff. – Zit.: *Bearbeiter*, in: MüKo-StGB.

Gercke, Björn u.a. (Hrsg.) — Strafprozessordnung, 6. Aufl., Heidelberg 2019. – Zit.: *Bearbeiter*: in: Heidelberger Kommentar StPO.

Graf, Jürgen (Hrsg.) — Beck'scher Online-Kommentar StPO mit RiStBV und MiStra, 44. Ed. (Stand: 1. Juli 2022), München 2022. – Zit.: *Bearbeiter*, in: BeckOK-StPO.

Hellmann, Uwe — Strafprozessrecht, 2. Aufl., Berlin u.a. 2006. – Zit.: *Hellmann*, Strafprozessrecht.

Herzog, Roman/ *Scholz*, Rupert u.a. (Hrsg.) — Grundgesetz. Kommentar, 99. Lieferung (Stand: September 2022), München 2022. – Zit.: *Bearbeiter*, in: Dürig/Herzog/Scholz, GG.

Knauer, Christoph u.a. (Hrsg.) — Münchener Kommentar zur StPO, München 2014 ff. – Zit.: *Bearbeiter*, in MüKo-StPO.

Kühne, Hans-Heiner	Strafprozessrecht. Eine systematische Darstellung des deutschen und europäischen Strafverfahrensrechts, 9. Aufl., Heidelberg 2015. – Zit.: *Kühne*, Strafprozessrecht.
Ostendorf, Heribert/ *Brüning*, Janique	Strafprozessrecht, 4. Aufl., Baden-Baden 2021. – Zit.: *Ostendorf/Brüning*, Strafprozessrecht.
Rotsch, Thomas u.a. (Hrsg.)	NomosKommentar zur Strafprozessordnung, Baden-Baden (i.E.). – Zit.: *Bearbeiter*, in: NK-StPO.
Roxin, Claus/*Schünemann*, Bernd	Strafverfahrensrecht. Ein Studienbuch, 30. Aufl., München 2022. – Zit.: *Roxin/Schünemann*, Strafverfahrensrecht.
Schmitt, Bertram	Strafprozessordnung. Gerichtsverfassungsgesetz, Nebengesetze und ergänzende Bestimmungen. Unter Mitarbeit von Marcus *Köhler*, 65. Aufl., München 2022. – Zit.: Meyer-Goßner/Schmitt/*Bearbeiter*.

A. Kurzer Überblick

I. Gang des Verfahrens

1. Üblicher Verfahrensgang

Zum Strafverfahren (bzw. Strafprozess) gehört das Erkenntnisverfahren und das Vollstreckungsverfahren. Das (nicht prüfungsrelevante) **Vollstreckungsverfahren** umfasst die Durchsetzung einer Sanktion, die zuvor im **Erkenntnisverfahren** festgesetzt wurde. Das Erkenntnisverfahren dient der rechtsstaatlich durchzuführenden Feststellung, ob eine Person eine Straftat begangen hat. Es soll dabei auch dem Rechtsfrieden dienen und kann aus den folgenden Verfahrensabschnitten bestehen: dem staatsanwaltschaftlichen Ermittlungsverfahren (→ Rn. 6 ff.) sowie dem gerichtlichen Zwischenverfahren (→ Rn. 20 f.), Hauptverfahren (→ Rn. 22 f.) und Rechtsmittelverfahren (→ Rn. 27). 1

Terminologie: Die Begriffe „Strafverfahren“ und „Strafprozess“ werden hier synonym verwandt. Auf mitunter abweichende Auffassungen, die zwischen den Begriffen unterscheiden, muss in der Klausur nicht eingegangen werden. 2

Das **Strafverfahren beginnt** mit dem staatsanwaltschaftlichen Ermittlungsverfahren. Je nach Fallgestaltung kann das Strafverfahren im staatsanwaltschaftlichen Ermittlungsverfahren enden oder aus weiteren Verfahrensabschnitten bestehen. Diese Abschnitte, die sich ggf. an das Ermittlungsverfahren anschließen, sind in chronologischer Reihenfolge das Zwischenverfahren, das Hauptverfahren in erster Instanz und das Rechtsmittelverfahren. Hierbei sind folgende Grundsätze zu beachten: 3

- Das Strafverfahren kann in jedem der eben genannten Verfahrensabschnitte (einschließlich des Ermittlungsverfahrens) **enden**. 4
- Soweit das Strafverfahren in dem betreffenden Verfahrensabschnitt nicht endet, **geht es in den nächsten Verfahrensabschnitt über**. Ein „Überspringen“ eines Verfahrensabschnittes ist in der Regel[1] dagegen nicht zulässig. Das bedeutet bspw., dass das Strafverfahren 5

---

[1] Eine Ausnahme bildet die Nachtragsanklage (gem. § 266 StPO), durch die die StA die Anklage in der Hauptverhandlung auf weitere Straftaten erstrecken kann (→ Rn. 38). Eine weitere Ausnahme bildet das sog. Beschleunigte Verfahren (§§ 417 ff. StPO → Rn. 28), bei dem es gem. § 418 I S. 1 StPO kein Zwi-

vom Ermittlungsverfahren in das Zwischenverfahren übergehen kann, nicht aber direkt in das Hauptverfahren erster Instanz. Dieses kann nur auf ein abgeschlossenes Zwischenverfahren folgen.

a) Ermittlungsverfahren (Vorverfahren)

6 **Terminologie:** Die Begriffe „Vorverfahren“ und „Ermittlungsverfahren“ sind identisch.

7 Das Ermittlungsverfahren (§§ 151 ff. StPO) wird bei „Verdacht einer Straftat“ (§ 160 I StPO) eingeleitet, also „sofern zureichende tatsächliche Anhaltspunkte vorliegen“ (§ 152 II StPO). Dies bezeichnet den sog. **einfachen Tatverdacht bzw. Anfangsverdacht.**

8 **Definition:** Ein Anfangsverdacht liegt vor, wenn nach kriminalistischer Erfahrung die Möglichkeit besteht, dass eine verfolgbare Straftat gegeben ist.[2]

9 Die Bejahung eines Anfangsverdachts geht einher mit der Annahme einer Ungewissheit,[3] die es im Laufe des Strafverfahrens aufzuklären gilt. Diese Ungewissheit kann entweder eine rechtliche Frage (z.B. die Anwendbarkeit eines Straftatbestands auf einen sicher feststehenden Sachverhalt) oder eine tatsächliche Frage (z.B. die Beweisbarkeit eines Tatvorwurfs) betreffen.

10 Das Ermittlungsverfahren dient der Prüfung, ob eine höhere Verdachtsstufe besteht, nämlich der **hinreichende Tatverdacht** (§ 170 I StPO).

11 **Definition:** Ein hinreichender Tatverdacht liegt vor, wenn die StA nach vorläufiger Tatbewertung zu der Prognose kommt, dass eine Verurteilung wahrscheinlich ist (bzw. zumindest wahrscheinlicher als ein Freispruch).[4]

---

schenverfahren gibt (vgl. *Bockemühl,* Handbuch des Fachanwalts Strafrecht, Rn. 14). Beachten Sie aber, dass auch im Beschleunigten Verfahren die allgemeinen Prozessvoraussetzungen und nach hM auch der hinreichende Tatverdacht zu prüfen sind (vgl. *Bockemühl,* Handbuch des Fachanwalts Strafrecht, Rn. 14, 15; *Putzke/Scheinfeld* in: MüKo-StPO, § 418 Rn. 4).

[2] *Diemer*, in: KK-StPO, § 152 Rn. 7.

[3] Vgl. in der obigen Def. des Anfangsverdachts: „die Möglichkeit besteht“.

[4] Vgl. Meyer-Goßner/Schmitt/*Schmitt*, § 170 StPO Rn. 1 f.

Klausurtipp: Zum Teil wird für das Vorliegen eines hinreichenden Tatverdachts nicht auf die Verurteilungswahrscheinlichkeit abgestellt, sondern auf die Annahme einer überwiegenden Sicherheit einer späteren Verurteilung.[5] Diese Sichtweise ist ebenso gut vertretbar. Es ist in der Regel nicht erforderlich, dass Sie in der Klausur die verschiedenen in der Literatur vertretenen Bezugspunkte bzw. Grade des hinreichenden Tatverdachts als Meinungsstreit diskutieren. 12

Soweit ein hinreichender Tatverdacht bejaht wird, wird **Anklage erhoben (§ 170 I StPO)**. Andernfalls wird das Verfahren **gem. § 170 II StPO eingestellt**. Darüber hinaus besteht in Fällen von Bagatellkriminalität und aus anderen Gründen noch die Möglichkeit, **von der Strafverfolgung abzusehen (§§ 153 ff. StPO)**. 13

Exkurs: Bei der zuletzt genannten Möglichkeit gem. §§ 153 ff. StPO handelt es sich um eine Ausnahme von dem sog. strafprozessualen **Legalitätsprinzip**: Nach diesem Prinzip, das das Strafverfahren beherrscht, ist die StA grds. **verpflichtet**, bei Vorliegen eines Anfangsverdachts das Ermittlungsverfahren einzuleiten (§§ 152 II, 160 I StPO) und bei Vorliegen eines hinreichenden Tatverdachts Anklage zu erheben (§ 170 I StPO). In Ausnahme von diesem Grundsatz erlauben die §§ 153 ff. StPO ein Absehen von der Strafverfolgung im Rahmen des Ermessens (**Opportunitätsprinzip**). 14

Im Fall der Anklageerhebung (§ 170 I StPO) geht das Strafverfahren vom Ermittlungsverfahren in das gerichtliche Zwischenverfahren über. Im Fall der Einstellung des Ermittlungsverfahrens gem. § 170 II StPO bzw. bei Absehen von der Strafverfolgung gem. §§ 153 ff. StPO endet das Strafverfahren grundsätzlich. 15

Klausurtipp: Sie müssen in der Klausur üblicherweise nicht umfassend prüfen, ob *Sie* einen hinreichenden Tatverdacht bejahen würden. Eine solche Feststellung einer Verurteilungswahrscheinlichkeit setzt nämlich in der Praxis eine Prognose der StA voraus, ob alle zur Verfügung stehenden Beweismittel (z.B. Zeugenaussagen, DNA-Spuren) eine spätere Verurteilung wahrscheinlich machen. Die StA hat für diese Frage einen nicht unerheblichen Beurteilungsspielraum.[6] Allerdings ist es möglich, dass nach dem Klau- 16

---

[5] *Kölbel*, in: MüKo-StPO, § 170 Rn. 14.
[6] BVerfG NStZ 2002, 606.

sursachverhalt nur ein einziges Beweismittel existiert (z.B. ein Augenscheinsobjekt), dessen Verwertbarkeit fraglich ist. In diesen Fällen hängt die Frage der Klageerhebung (mit anderen Worten: die Frage, ob ein hinreichender Tatverdacht besteht) unmittelbar davon ab, ob das betreffende Beweismittel verwertbar ist. Diese Frage wird weiter unten behandelt (→ Rn. 194 ff.).

17 Damit am Ende des Ermittlungsverfahrens festgestellt werden kann, ob ein hinreichender Tatverdacht gegeben ist, sieht das Gesetz verschiedene **Ermittlungs- und Zwangsmaßnahmen** vor (z.B. Beschlagnahme gem. § 94 II StPO). Die **Verfahrensherrschaft** liegt im Ermittlungsverfahren bei der StA, die nicht nur die zur Belastung, sondern auch die zur Entlastung dienenden Umstände zu ermitteln hat (§ 160 II StPO). Dabei wird die StA auf verschiedene Weise – und zwar in der Praxis häufig – durch die Polizei unterstützt (§ 161 StPO → Rn. 50 ff.).

18 Der **Richter** hat im Ermittlungsverfahren ausnahmsweise die Funktion einer Kontrollinstanz, die bei grundrechtsintensiven Ermittlungs- und Zwangsmaßnahmen eine rechtliche Prüfung vornimmt. So bedürfen etwa Hausdurchsuchungen (§§ 102 ff. StPO) grds. des vorherigen Erlasses eines richterlichen Durchsuchungsbefehls (§ 105 I S. 1 StPO) (sog. **Richtervorbehalt**). Der Richter agiert insoweit als sog. **Ermittlungsrichter**, der gem. § 162 II StPO ausschließlich eine Rechtskontrolle durchführt (→ Rn. 140).

19 **Klausurtipp:** Ist das Ermittlungsverfahren Inhalt der strafprozessualen Zusatzfrage, so werden üblicherweise entweder eine Zwangsmaßnahme (→ Rn. 110 ff.) oder die Rechte und Pflichten der StA als Herrin des Ermittlungsverfahrens abgefragt. Anknüpfungspunkt kann hier sowohl das Recht oder die Pflicht zur Einleitung eines Ermittlungsverfahrens sowie die Beendigung des Ermittlungsverfahrens durch Anklage oder Einstellung sein.

b) Zwischenverfahren

20 Wie eben gesagt, geht das Strafverfahren nur dann in ein Zwischenverfahren (§§ 199 ff. StPO) über, wenn die StA Anklage gem. § 170 I StPO erhoben hat. Mit dem Wechsel in das Zwischenverfahren geht die Verfahrensherrschaft von der StA zum Gericht über. Das Zwischenverfahren dient der gerichtlichen Überprüfung, ob der von der StA bereits bejahte hinreichende Tatverdacht (→ Rn. 11) auch aus Sicht des Gerichts besteht (§ 203 StPO). Der Umstand, dass das Gericht hier letztlich noch einmal das Gleiche prüft wie die StA zuvor, lässt sich damit

begründen, dass der Tatverdacht nochmals und unabhängig durch das Gericht geprüft wird (Gewaltenteilung). Die Doppelung der Prüfung steigert auch den Schutz des Beschuldigten (der nun **Angeschuldigter** heißt → Rn. 54) vor der belastenden Hauptverhandlung:[7] Bevor das Strafverfahren in das Hauptverfahren (mitsamt der Hauptverhandlung) übergeht, soll von gerichtlicher Seite überprüft werden, ob tatsächlich ein hinreichender Tatverdacht besteht.

Soweit das Gericht dies bejaht, erlässt es grds. einen **Eröffnungsbeschluss** (§§ 203, 207 StPO), mit dem das Zwischenverfahren endet und das Hauptverfahren eröffnet wird. Soweit das Gericht im Zwischenverfahren den hinreichenden Tatverdacht verneint, ergeht ein **Nichteröffnungsbeschluss** (§ 204 I StPO) – das Strafverfahren endet in diesem Fall mit dem Zwischenverfahren. Auch im Zwischenverfahren ist zudem ein **Absehen von der Strafverfolgung** gem. §§ 153 ff. StPO möglich (vgl. z.B. § 153 II StPO). 21

c) Hauptverfahren erster Instanz

Das gerichtliche Hauptverfahren besteht aus zwei Verfahrensabschnitten: der Vorbereitung und der Durchführung der Hauptverhandlung. 22

aa) Vorbereitung der Hauptverhandlung

Die Vorbereitung der Hauptverhandlung (§§ 212 ff. StPO) ist eher **organisatorischer Natur**. Dieser Verfahrensabschnitt umfasst etwa die Terminierung der Hauptverhandlung und die Ladung der Verfahrensbeteiligten. Die Verfahrensherrschaft liegt in diesem Verfahrensabschnitt beim Gericht. 23

bb) Durchführung der Hauptverhandlung

Die Durchführung der Hauptverhandlung (§§ 226 ff. StPO) dient der Prüfung, ob der Tatvorwurf zur Überzeugung des Gerichts feststeht (§ 261 StPO). 24

Klausurtipp: In gewisser Weise lässt sich sagen, dass die hier geforderte Überzeugung des Gerichts auch nur eine besondere Form des Verdachts bildet. Es ist allerdings eine Verdachtsstufe, die deutlich höher ist als der Anfangsverdacht und der hinreichende Tatver- 25

---

[7] *Beulke/Swoboda*, Strafprozessrecht, Rn. 542. Das Zwischenverfahren ist aber insbesondere mit dem Argument einer möglichen Voreingenommenheit des Gerichts in der Hauptverhandlung durchaus nicht unumstritten, vgl. hierzu auch *Beulke/Swoboda*, Strafprozessrecht, Rn. 542 m.w.N.

dacht. Dementsprechend sollte man in der Klausur hier nicht von einem „Tatverdacht" sprechen. Ebenso wie bei der Frage des hinreichenden Tatverdachts (→ Rn. 11) wird in der Klausur regelmäßig keine Prüfung gefordert, ob die Würdigung verschiedener Beweise eine Verurteilung rechtfertigt. Sie dürfen also z.B. üblicherweise davon ausgehen, dass Zeugen glaubwürdig sind, solange im Sachverhalt nichts anderes steht. Ein typischer Klausurgegenstand kann allerdings die Frage sein, ob ein bestimmtes Beweismittel verwertbar ist (→ Rn. 194), also für die gerichtliche Urteilsfindung berücksichtigt werden darf.

26 Die Hauptverhandlung findet in der Regel **öffentlich** statt (§ 169 I S. 1 GVG). Der **Ablauf** der Hauptverhandlung wird in § 243 StPO dargelegt. Die **Verhandlungsleitung** liegt beim Gericht. Die Hauptverhandlung kann etwa durch folgende Entscheidungen enden:

– **Verurteilung**, soweit die Schuld des Beschuldigten (der nun **Angeklagter** heißt → Rn. 54) zur Überzeugung des Gerichts feststeht.
– **Freispruch**, soweit das Gericht nicht von der Schuld des Angeklagten überzeugt ist.
– **Absehen von der Strafverfolgung** gem. §§ 153 ff. StPO (z.B. § 153 II StPO).

d) Rechtsmittelverfahren

27 Soweit der Angeklagte in der Hauptverhandlung verurteilt oder freigesprochen wird, kommen bestimmte Rechtsmittel in Betracht. Verfahrensbeteiligte können unter bestimmten Voraussetzungen eine Berufung (also das Rechtsmittel zur Tatsachen- *und* Rechtskontrolle des Urteils) gem. §§ 312 ff. StPO oder eine Revision (also das Rechtsmittel zur Rechtskontrolle des Urteils) gem. §§ 333 ff StPO einlegen (→ Rn. 317).

2. Besondere Verfahrensarten

28 In bestimmten Fällen ist es möglich, von dem oben beschriebenen gewöhnlichen Verfahrensgang abzuweichen. Dies ist dann der Fall, wenn besondere Verfahrensarten in Betracht kommen:

– **Privatklage** (§§ 374 ff. StPO), bei der Delikte wie der Hausfriedensbruch (§ 123 StGB) und die Beleidigung (§ 185 StGB) direkt vom mutmaßlich Verletzen verfolgt werden können (§ 374 I StPO).
– **Beschleunigtes Verfahren** (§§ 417 ff. StPO), das bestimmte Abkürzungen gegenüber dem gewöhnlichen Verfahrensgang vorsieht und das Anwendung finden kann, „wenn die Sache auf Grund des einfa-

chen Sachverhalts oder der klaren Beweislage zur sofortigen Verhandlung geeignet ist". Ein solches Verfahren kann sich anbieten, wenn zeitnah Wiederholungstaten zu befürchten sind.
- **Strafbefehlsverfahren** (§§ 407 ff. StPO), in dem „bei Vergehen auf schriftlichen Antrag der Staatsanwaltschaft die Rechtsfolgen der Tat durch schriftlichen Strafbefehl ohne Hauptverhandlung festgesetzt werden" können (§ 407 I S. 1 StPO).

II. „Wo kein Kläger, da kein Richter" – das Akkusationsprinzip

Wir haben oben gesehen, dass ein Gericht im Strafverfahren grds. nur dann tätig werden darf, wenn zuvor eine Anklage erhoben wurde oder eine andere im Gesetz vorgesehene Handlung vorgenommen wurde: 29
- Im **gewöhnlichen Verfahrensgang** geschieht die Anklageerhebung gem. § 170 I StPO durch die StA – das Gesetz spricht gleichbedeutend von *Anklage* (etwa „Anklageschrift" gem. § 170 I StPO) oder von *öffentlicher Klage* (§ 170 I StPO), teilweise auch nur von *Klage* (§ 155 I StPO).
- Bei der **Privatklage** kann die Klage insbesondere durch den mutmaßlich Verletzten gem. §§ 374 I, 381 StPO erhoben werden.
- Im **Beschleunigten Verfahren** ist auch die mündliche Erhebung einer Anklage bei Beginn der Hauptverhandlung möglich (§ 418 III S. 2 StPO).
- Beim **Strafbefehlsverfahren** wird die öffentliche Klage durch schriftlichen Antrag der StA erhoben (§ 407 I StPO).

Alle diese Fälle haben die Gemeinsamkeit, dass die richterliche Durchführung eines Strafverfahrens von der Entscheidung eines Klägers (vorrangig: der StA) abhängig ist. Das Strafprozessrecht wird also vom Grundsatz beherrscht: „Wo kein Kläger, da kein Richter". Man kann dieses sog. **Akkusationsprinzip** als Ausdruck des Gewaltenteilungsgrundsatzes und des Schutzes des Beschuldigten lesen: Dieser kann nur dann bestraft werden, wenn die betreffende Tat von der StA (bzw. dem Privatkläger → Rn. 28) angeklagt wurde und wenn ein Gericht die Sanktionierung befürwortet. 30

Terminologie: Bitte beachten Sie, dass der eben verwendete Begriff der *Tat* die sog. **Tat im prozessualen Sinne** (§ 264 StPO) bezeichnet. Man spricht auch von der **prozessualen Tat**. Dies umfasst das „gesamte Verhalten des Angeklagten, soweit es mit dem 31 durch die Anklage bezeichneten geschichtlichen Vorkommnis nach allgemeiner Lebensauffassung einen einheitlichen Vorgang bildet".[8] Ein **Beispiel** bildet ein Überfall auf die B-Bank in der Y-Straße Nr. 14 in Hamburg am 1. März 2022 zwischen 9.15 und 9.20 Uhr. Der Begriff der prozessualen Tat ist nicht mit dem materiellrechtlichen Begriff der *Straftat* (z.B. Raub gem. § 249 StGB) zu verwechseln.[9] In dem **eben gewählten Beispiel** kann die prozessuale Tat etwa ganz verschiedene materiellrechtliche Delikte (Straftaten) umfassen.

32 Zum Ausdruck kommt das Akkusationsprinzip u.a. in § 155 I StPO, der die Überschrift „Umfang der gerichtlichen Untersuchung und Entscheidung" trägt und der wie folgt lautet:

> „Die [gerichtliche] Untersuchung und Entscheidung erstreckt sich nur auf die in der Klage bezeichnete Tat und auf die durch die Klage beschuldigten Personen".

33 Eine bestimmte Person kann also nur dann für eine bestimmte prozessuale Tat verurteilt werden, wenn sowohl die Person als auch die Tat in der Anklageschrift umschrieben sind.

34 Allerdings besteht **keine Bindungswirkung der Anklageschrift**. Vielmehr sind die Gerichte innerhalb der eben genannten Grenzen (Tat und beschuldigte Person) „zu einer selbständigen Tätigkeit berechtigt und verpflichtet […]; insbesondere sind sie bei der Anwendung des Strafgesetzes an die gestellten Anträge nicht gebunden" (§ 155 II StPO). Daraus folgt zweierlei:

35 – Zum einen ist das Gericht **in rechtlicher Hinsicht** an die Auffassung der StA nicht gebunden. Beispielsweise darf ein Gericht einen angeklagten Bankraub in rechtlicher Hinsicht auch dann als räuberische Erpressung (§§ 253, 255 StGB) einordnen, wenn der Bankraub in der Anklageschrift als Raub (§ 249 StGB) klassifiziert wurde.

36 – Zum anderen ist das Gericht in der **Beweiswürdigung** frei (§ 261 StPO). Es kann also Beweismittel anders würdigen, als die StA dies getan hat, und deshalb (selbstverständlich) zur Annahme eines Freispruchs kommen, nachdem eine Anklage erhoben wurde.

37 Wenn ein Gericht in einem Strafverfahren nur über die angeklagte prozessuale Tat entscheiden darf, kann sich die Abgrenzungsfrage stellen, ob der jeweilige Gegenstand (also der Tatvorwurf) von der Anklage umfasst ist – dazu ein erster Fall:

---

[8] BGH NStZ 2009, 585; vgl. auch *Julius/Beckemper*: in: Heidelberger Kommentar StPO, § 264 Rn. 2.

[9] *Huber* JuS 2012, 208.

Fall 1 (Nachtragsanklage)[10] 38

Gegen N wird ein Strafverfahren wegen des Verdachts des Fahrraddiebstahls geführt. Ihm wird in der Anklageschrift vorgeworfen, am 7. April 2022 um 15 Uhr vor dem Haus in der X-Straße Nr. 3 in Hamburg ein blaues Rennrad der Mark „M-Works" entwendet zu haben. In der Hauptverhandlung ergibt sich der zusätzliche Verdacht, dass N am Tattag um 14.30 Uhr im Supermarkt „S" in der X-Straße Nr. 7 ein Jagdmesser entwendet hat und dieses bei der Entwendung des Fahrrads bei sich geführt hat.

Die Vorsitzende Richterin fragt den Referendar R nun, was zu tun sein könnte.

Kurzgutachten: Fraglich ist, welche Auswirkungen die neuen Verdachtsmomente haben. In Betracht kommen verschiedene prozessuale Handlungen, die im Gesetz bei Änderungen der Verdachtslage in der Hauptverhandlung vorgesehen sind:

- Wird **dieselbe prozessuale Tat** rechtlich abweichend zur Anklageschrift bewertet, so ist ein **rechtlicher Hinweis** gegenüber dem Angeklagten notwendig (**§ 265 I StPO**).
- Ein **rechtlicher Hinweis nach § 265 II Nr. 1 Var. 1 StPO** ist hingegen notwendig, wenn in der Hauptverhandlung neue Tatsachen entdeckt werden, die **dieselbe prozessuale Tat** betreffen, aber die Strafbarkeit erhöhen.
- Demgegenüber ist eine **neue Anklage** notwendig, soweit sich der neue Tatverdacht auf eine **andere** (also bis dato noch nicht angeklagte) **prozessuale Tat** bezieht. Eine solche neue Anklage kann in der Hauptverhandlung in Form einer **Nachtragsanklage (§ 266 StPO)** erhoben werden, sofern die in dieser Vorschrift genannten Voraussetzungen gegeben sind.[11]

---

[10] Einen weiteren Fall zur Nachtragsanklage finden Sie bei *Steinberg/Mathieu/Horn*, ZJS 2012, 365.

[11] Eine andere Möglichkeit bestünde darin, dass die StA außerhalb des alten Verfahrens eine neue Anklage erhebt, sodass es zu zwei getrennten Strafverfahren kommt. Der Unterschied der Nachtragsanklage (§ 266 StPO) zu der eben genannten Verfahrensweise besteht darin, dass die durch die Nachtragsanklage angeklagte Tat nun auch Gegenstand des ursprünglichen Strafverfahrens ist; außerdem gibt es im Fall der Nachtragsanklage auch kein gesondertes Zwischenverfahren, was der Grund dafür ist, dass der Angeklagte der Erhebung einer Nachtragsanklage zustimmen muss (§ 266 I a.E. StPO), dazu *Stuckenberg*, in: Löwe-Rosenberg-StPO, Bd. 7, § 266 Rn. 1.

Gegen N hat sich in der Hauptverhandlung der Verdacht der Entwendung eines Jagdmessers ergeben, rechtlich gesprochen also der Verdacht eines Diebstahls mit Waffen (§§ 242 I, 244 I Nr. 1 Buchst. a StGB). Hierbei handelt es um einen weiteren – qualifizierten – Diebstahl neben dem möglichen Rennraddiebstahl. Der Umstand, dass N bei dem Rennraddiebstahl möglicherweise das Messer bei sich geführt hat, hat zusätzlich in materiellrechtlicher Hinsicht zur Folge, dass das Delikt nicht als einfacher Diebstahl gem. § 242 StGB, sondern als qualifizierter Diebstahl gem. §§ 242 I, 244 I Nr. 1 Buchst. a StGB zu bewerten ist.

Für die Frage, ob sich diese neuen Verdachtsmomente auf dieselbe prozessuale Tat (dann § 265 I oder § 265 II Nr. 1 Var. 1 StPO) oder auf eine neue prozessuale Tat (dann § 266 StPO) beziehen, ist eine Wertung vorzunehmen. Unter der prozessualen Tat versteht man das gesamte Verhalten des Angeklagten, soweit es mit dem durch die Anklage bezeichneten geschichtlichen Vorkommnis nach allgemeiner Lebensauffassung einen einheitlichen Vorgang bildet. Eine bloße Änderung der materiellrechtlichen Bewertung eines Verhaltens führt für sich genommen nicht zu einer neuen prozessualen Tat. Maßgeblich ist vielmehr, ob nach den folgenden **Kriterien** davon auszugehen ist, dass noch dasselbe geschichtliche Vorkommnis oder schon ein neues geschichtliches Vorkommnis gegeben ist: Tatobjekt, Tatort, Tatzeit.[12]

Unter Zugrundelegung dieser Kriterien spricht im vorliegenden Fall Einiges dafür, dass die Entwendung des Messers (wegen des neuen Tatobjektes, des leicht abweichenden Tatorts und der leicht abweichenden Tatzeit) eine neue prozessuale Tat darstellt, über die das Gericht nur befinden kann, wenn eine neue Anklage (z.B. eine Nachtragsanklage gem. § 266 StPO) erhoben wird. Demgegenüber dürfte hinsichtlich des Beisichführens des Messers bei dem Rennraddiebstahl ein rechtlicher Hinweis gem. § 265 II Nr. 1 Var. 1 StPO ausreichen.

[12] *Beulke/Swoboda*, Strafprozessrecht, Rn. 586 f. – Zu beachten ist, dass es im Einzelfall sein kann, dass die einzelnen Kriterien nicht alle für dieselbe Lösung sprechen (z.B., wenn das ursprüngliche Tatobjekt an einem anderen Tag entwendet wurde). Auch in diesen Fällen ist eine wertende Betrachtung vorzunehmen, bei der häufig beide Lösungen vertretbar sind.

III. Zentrale Verfahrensbeteiligte

1. Richter

Dem Richter kommen **verschiedene Funktionen** im Strafverfahren zu: 39

- Im Ermittlungsverfahren (→ Rn. 6 ff) hat der Richter die Rolle des **Ermittlungsrichters** (§ 162 StPO → Rn. 18; 140).
- Mit der Anklageerhebung (§ 170 I StPO) geht die **Verfahrensherrschaft** von der StA auf das Gericht über. Das Gericht hat nun im Zwischenverfahren (→ Rn. 20 f.) bspw. über die Frage der Eröffnung des Hauptverfahrens (§§ 203, 204 StPO → Rn. 21) zu entscheiden.
- In der Hauptverhandlung liegt die **Verhandlungsleitung** beim Vorsitzenden Richter (§ 238 I StPO).

Die verschiedenen gerichtlichen Spruchkörper (z.B. das Schöffengericht gem. § 28 GVG) sind stets mit **Berufsrichtern**, zum Teil auch mit **Laienrichtern (Schöffen)** besetzt. Bei Letzteren handelt es sich um ehrenamtlich tätige Personen (§ 31 S. 1 GVG), deren Auswahl in den §§ 32 ff. GVG geregelt ist. 40

Wichtig ist das verfassungsrechtlich normierte Gebot **richterlicher Unabhängigkeit**: Gem. Art. 97 I GG sind Richter unabhängig und nur dem Gesetz unterworfen. In Bezug auf die „hauptamtlich und planmäßig endgültig angestellten Richter" wird das Prinzip richterlicher Unabhängigkeit in Art. 97 II GG dadurch untermauert, dass diese nur unter strengen Voraussetzungen ihres Amtes enthoben werden können. Soweit bei Berufsrichtern und Schöffen (§ 31 I StPO) die nötige richterliche Unabhängigkeit und Gesetzesgebundenheit nicht gewährleistet werden kann (z.B. wegen der Möglichkeit der Befangenheit), greifen die Ausschluss- und Ablehnungsregelungen gem. §§ 22 ff. StPO. 41

2. Staatsanwaltschaft

Die StA hat verschiedene **Aufgaben** im Strafverfahren: 42

- Zum einen hat sie die Verfahrensherrschaft, also die **Leitung über das Ermittlungsverfahren** (→ Rn. 17). Dabei darf die StA die Ermittlungen entweder selbst durchführen oder – in der Praxis häufiger – durch die Polizei durchführen lassen (§ 161 I StPO).
- Zum anderen **vertritt** die StA **im Zwischen- und Hauptverfahren die Anklage**. Dies bedeutet etwa, dass der Sitzungsvertreter der StA in der Hauptverhandlung den Anklagesatz zu verlesen hat (§ 243 III S. 1 StPO) und Gelegenheit hat, ein Schlussplädoyer zu halten (§ 258 I StPO). 43

44 – Im Rahmen der – wenig klausurrelevanten – Strafvollstreckung agiert die StA als **Vollstreckungsbehörde** (§ 451 StPO).

45 Nach § 160 II StPO hat die StA „nicht nur die zur Belastung, sondern auch die zur Entlastung dienen Umstände zu ermitteln". Zu berücksichtigen ist jedoch, dass § 24 StPO, der die Ablehnung wegen Besorgnis der **Befangenheit** regelt, unmittelbar zwar auf den Richter, nicht aber auf den Staatsanwalt Anwendung findet. Hoch umstritten ist die Frage, ob und wie eine Ablehnung oder Ausschließung von Staatsanwälten (ggf. durch analoge Anwendung der §§ 22 ff. StPO) möglich sein soll.

46 **Vertiefung zum befangenen Staatsanwalt:** Es ist denkbar, dass die Mitwirkung eines Staatsanwalts wegen eines § 22 StPO entsprechenden Falles das Gebot eines rechtsstaatlichen und fairen Verfahrens verletzt.[13] Allerdings ist eine Ablehnung i.S.d. § 24 StPO auch analog nach hM für Staatsanwälte nicht möglich.[14] Vielmehr kann die eben genannte Verletzung nach ständiger Rspr. des BGH einen Revisionsgrund gem. § 337 StPO i.V.m. § 22 StPO analog darstellen.[15]

47 **Klausurtipp:** Die Frage nach der Ablehnbarkeit des Staatsanwalts ist hochumstritten. Vertiefte strafprozessuale Kenntnisse dürften hier für die strafprozessuale Zusatzfrage nicht erwartet werden.

48 Das Problem von Staatsanwälten, die in unangemessener Weise einseitig agieren, kann sich entschärfen durch die Eingriffsmöglichkeit höherrangiger Staatsanwälte.[16] So bestimmt § 144 Hs. 1 GVG:

> „Besteht die Staatsanwaltschaft eines Gerichts aus mehreren Beamten, so handeln die dem ersten Beamten beigeordneten Personen als dessen Vertreter".

49 Eine solcher erster Beamte kann bspw. ein Leitender Oberstaatsanwalt (LOStA) sein, der hinsichtlich der Amtsverrichtungen der StA folgende Rechte hat:

- **Devolutionsrecht** (§ 145 I Alt. 1 GVG): Er kann ein Strafverfahren an sich ziehen und z.B. selbst Anklage erheben.
- **Substitutionsrecht** (§ 145 I Alt. 2 GVG): Er kann ein Strafverfahren einem anderen StA übertragen.

---

[13] Vgl. Meyer-Goßner/Schmitt/*Schmitt*, Vor. § 22 StPO Rn. 3.

[14] Vgl. *Wohlers*, SK-StPO, § 145 GVG Rn. 24.

[15] BGH NStZ 2020, 180 Rn. 10 m.w.N. (entschieden für den Fall des staatsanwaltlichen Sitzungsvertreters als Zeuge); kritisch hierzu Meyer-Goßner/Schmitt/*Schmitt*, § 22 StPO Rn. 20b.

[16] Dem Beschuldigten und seinem Verteidiger bliebe somit die Möglichkeit, eine solche Maßnahme anzuregen.

– **Internes Weisungsrecht** des Leitenden Oberstaatsanwalts gegenüber den Beamten der StA (§ 146 GVG).

3. Polizei

Neben der Aufgabe der Gefahrenabwehr (Prävention), die sich nach Landesrecht richtet, hat die Polizei auch die **strafprozessuale Aufgabe** der Strafverfolgung. Hierzu **unterstützt** die Polizei die StA gem. § 161 I StPO bei der Durchführung des Ermittlungsverfahrens (z.B. polizeiliche Vernehmung des Beschuldigten gem. § 136 I, 163a IV S. 1 StPO auf Ersuchen der StA). Darüber hinaus hat die Polizei das sog. **Recht des ersten Zugriffs**: Gem. § 163 I S. 1 StPO haben die Polizeibeamten „Straftaten zu erforschen und alle keinen Aufschub gestattenden Anordnungen zu treffen, um die Verdunkelung der Sache zu verhüten". Wenn bspw. die Besatzung eines Streifenwagens den Verdacht hat, dass gerade ein Diebstahl begangen wird, haben die Polizeibeamten auch ohne Ersuchen durch die StA das Recht, Ermittlungen vorzunehmen.[17] 50

In prozessualer Hinsicht ist zu unterscheiden zwischen „gewöhnlichen" Polizeibeamten und solchen Polizeibeamten, die gleichzeitig sog. **Ermittlungspersonen der StA** (§ 152 I GVG) sind. 51

Klausurtipp: Welche Polizeibeamten gleichzeitig Ermittlungspersonen der StA sind, bestimmt sich durch Rechtsverordnung der jeweiligen Landesregierung (§ 152 II GVG).[18] Es wird von Ihnen in der Klausur keinesfalls verlangt, dass Sie auswendig wissen, welche Polizeibeamten in „Ihrem" Bundesland Ermittlungsperson i.S.d. § 152 II GVG ist. Üblicherweise findet sich diese Information im Sachverhalt. 52

Die Frage, ob ein Polizeibeamter zugleich Ermittlungsperson der StA ist, hat etwa **Auswirkungen** auf Fragen der Zuständigkeit. So sieht das Gesetz bei zahlreichen Ermittlungsmaßnahmen (→ Rn. 110 ff.) eine besondere Befugnis für Ermittlungspersonen der StA vor (z.B. Eilkompetenz zur selbständigen Anordnung einer Beschlagnahme gem. § 98 I S. 1 StPO). 53

---

[17] Gerade in Fällen kleiner Kriminalität ist es durchaus üblich, dass die Polizei die Federführung über einen Großteil des Ermittlungsverfahrens hat und den Sachverhalt so detailliert ausermittelt, dass die StA nur noch nach Aktenlage über die Erhebung der Anklage (§ 170 I StPO) zu entscheiden hat.

[18] In Hamburg etwa wird dies durch § 1 I Verordnung über die Ermittlungspersonen der Staatsanwaltschaft vom 2. April 1996 (HmbGVBl., 44); Stand: 2020 (HmbGVBl., 623) geregelt.

4. Beschuldigter

54 Beschuldigter ist derjenige, gegen den sich das Strafverfahren richtet. Das ist die Person, der ein Tatvorwurf (z.B. die Begehung einer Körperverletzung gem. § 223 StGB) gemacht wird, der im Strafverfahren überprüft wird. Je nach Verfahrensstadium sind gem. § 157 StPO drei verschiedene Beschuldigtenbegriffe zu unterscheiden:
– Im Ermittlungsverfahren (→ Rn. 6 ff.) spricht man vom **Beschuldigten (im engeren Sinne)**.
– Im Zwischenverfahren[19] (→ Rn. 20 f.) spricht man vom **Angeschuldigten**.
– Im Hauptverfahren[20] (→ Rn. 22 ff.) spricht man vom **Angeklagten**.

55 **Terminologie:** Es bietet sich an, in der Klausur immer dann vom „Beschuldigten" zu sprechen, wenn der Beschuldigte im engeren Sinne (also der Beschuldigte im Ermittlungsverfahren) gemeint ist. Im Zwischenverfahren sollte stets vom „Angeschuldigten", im Hauptverfahren stets vom „Angeklagten" gesprochen werden. Soweit Sie in der Klausur Aussagen treffen, die das gesamte Strafverfahren betreffen, können Sie vom „Beschuldigten im weiteren Sinne" (oder abgekürzt auch schlicht vom „Beschuldigten") sprechen. Auch im Folgenden wird der Begriff „Beschuldigter" sowohl für denjenigen im weiteren Sinne als auch für denjenigen im engeren Sinne verwandt.

56 Die Eigenschaft, Beschuldigter (im weiteren Sinne) eines Strafverfahrens zu sein, stellt in der Regel eine erhebliche psychische Belastung dar, begründet aber auch die Entstehung besonderer **Rechte** (→ Rn. 69 ff.), die andere Personen (z.B. Zeugen) nicht haben.

57 **Klausurtipp:** Wird in der Klausur gefragt, ob eine bestimmte Person ein bestimmtes Beschuldigtenrecht hast, muss in aller Regel inzident auch geprüft werden, ob die betreffende Person den Status eines Beschuldigten hat. Hierauf kann mitunter der Schwerpunkt der Frage liegen.

---

[19] § 157 StPO spricht diesbezüglich von der Person, gegen die „die öffentliche Klage erhoben ist", bezieht sich hiermit also auf die Anklageerhebung i.S.d. § 170 I StPO (→ Rn. 13), die dazu führt, dass das Ermittlungsverfahren endet und das Strafverfahren in das Zwischenverfahren übergeht.

[20] § 157 StPO spricht diesbezüglich von der Person, gegen die „die Eröffnung des Hauptverfahrens beschlossen ist", bezieht sich hiermit also auf den Eröffnungsbeschluss gem. §§ 203, 207 StPO (→ Rn. 21), der das Zwischenverfahren beendet und dazu führt, dass das Strafverfahren in das Hauptverfahren übergeht.

Ein Strafverfahren kann prinzipiell auch **gegen unbekannt** geführt werden. Eine konkrete Person erhält in der Regel[21] nur unter **zwei Voraussetzungen Beschuldigtenstatus**: 58

- **Erstens** muss gegen die betreffende Person ein **Anfangsverdacht** (→ Rn. 8) bestehen.[22] 59
- **Zweitens** müssen die Strafverfolgungsbehörden eine Maßnahme vornehmen, die erkennbar darauf abzielt, gegen die betreffende Person zu ermitteln (sog. **finaler Inkulpationsakt**).[23] Ein Bsp. hierfür ist die staatsanwaltschaftliche Vernehmung als Beschuldigter (§ 163a II StPO). Ein Sonderproblem ergibt sich in denjenigen Fällen, in denen die Strafverfolgungsbehörde eine Person bewusst nicht als Beschuldigten behandelt, obwohl ein Tatverdacht gegen die betreffende Person besteht (→ Fall 6). 60

5. Verteidiger

Der Beschuldigte kann sich in jeder Lage des Verfahrens des Beistands eines Verteidigers bedienen (§ 137 I S. 1 StPO). In den in § 141 StPO genannten Fällen wird dem Beschuldigten ein **Pflichtverteidiger** bestellt, soweit ein Fall der **notwendigen Verteidigung** gegeben ist. Die Konstellationen der notwendigen Verteidigung sind in § 140 StPO geregelt (z.B. gem. § 140 I Nr. 2, wenn dem Beschuldigten ein Verbrechen zur Last gelegt wird). 61

Allgemein gesprochen gehört es zu den Aufgaben des Verteidigers, den Beschuldigten im Strafverfahren zu unterstützen. Allerdings beschränkt sich die **Rolle des Verteidigers** nicht auf eine reine Interessenvertretung (str.).[24] Hiergegen spricht bereits, dass der Beschuldigte keineswegs die gleichen Rechte hat wie der Verteidiger.[25] Dementsprechend wird der Verteidiger in § 1 BRAO als **unabhängiges Organ der Rechtspflege** bezeichnet.[26] Doch ist es in der Klausur nicht nur wich- 62

---

[21] Zur Ausnahme → Fall 6.

[22] *Engländer*, Examens-Repetitorium, Rn. 58.

[23] Diese Voraussetzung ist für Steuerstrafverfahren in § 397 I AO explizit geregelt, gilt aber als allgemeiner Rechtsgedanke für alle Strafverfahren.

[24] Andere Ansicht: *Jahn*, in: Löwe-Rosenberg-StPO, Bd. 4/2, Vor § 137 StPO Rn. 66 ff. Eine anschauliche Übersicht zu den vertretenen Auffassungen findet sich ebd. Rn. 88.

[25] *Schöpe*, ZJS 2014, 304 (310); vgl. in Bezug auf die Unterschiedlichkeit der Rechte auch *Roxin/Schünemann*, Strafverfahrensrecht, § 19 Rn. 61.

[26] Für die Rolle als Organ der Rechtspflege auch: BVerfG NJW 2004, 1305 (1307); BGH NStZ 1997, 401; *Engländer*, Examens-Repetitorium, Rn. 68.

tig, die „Chiffre“[27] vom Organ der Rechtspflege zu kennen, sondern auch zu konkretisieren, was hieraus folgt:

63 – So hat der Verteidiger etwa eine **Schweigepflicht** in Bezug auf solche Aspekte, die den beschuldigten Mandanten belasten, soweit dieser den Verteidiger nicht von der Schweigepflicht entbunden hat.[28] Diese Pflicht ist gem. § 203 I Nr. 3 StGB strafbewehrt. Gem. § 53 I S. 1 Nr. 2 StPO hat der Verteidiger überdies im Strafprozess ein Zeugnisverweigerungsrecht hinsichtlich solcher Inhalte, die ihm in seiner Eigenschaft als Verteidiger anvertraut oder bekannt geworden sind. Im Unterschied zum Beschuldigten (→ Rn. 72) hat der Verteidiger **kein Recht, aktiv zu lügen**.[29]

64 Zu den grundlegenden **Rechten der Verteidigung** gehören:[30]

– Gem. § 148 I StPO ist dem „Beschuldigten […], auch wenn er sich nicht auf freiem Fuß befindet, schriftlicher und mündlicher Verkehr mit dem Verteidiger gestattet“. Hierbei handelt es sich nicht nur um ein Recht des Beschuldigten,[31] sondern auch um ein solches des Verteidigers.[32] Eine Restriktion erfährt dieses **Kontaktrecht** gem. § 148 II StPO (Überwachung)[33] und gem. § 31 II EGGVG (Kontaktsperre) bei Verdacht terroristischer Aktivitäten.
– **Recht auf Anwesenheit** in verschiedenen Verfahrensabschnitten, z.B. bei der richterlichen, staatsanwaltschaftlichen und polizeilichen Beschuldigtenvernehmung im Ermittlungsverfahren (vgl. §§ 168c I S. 1, 163a III S. 2, 163a IV S. 3 StPO) sowie in der Hauptverhandlung.[34]
– Recht auf Akteneinsicht (§ 147 StPO).
– Fragerecht in der Hauptverhandlung (§ 240 StPO).

6. Zeuge

65 Der Zeuge stellt ein Beweismittel im Strafprozess dar.

---

[27] *Knauer*, in: Müller/Schlothauer/Knauer, Münchener Anwaltshandbuch Strafverteidigung, 3. Aufl., 2022, § 1 Rn. 2.

[28] *Engländer*, Examens-Repetitorium, Rn. 70.

[29] Vgl. *Beulke/Swoboda*, Strafprozessrecht, Rn. 275; *Engländer*, Examens-Repetitorium, Rn. 71.

[30] Vgl. zu diesem Überblick auch *Kühne*, Strafprozessrecht, Rn. 210 ff.; *Engländer*, Examens-Repetitorium, Rn. 72 ff.

[31] Vgl. hier *Willnow*, in: KK-StPO, § 148 Rn. 2.

[32] Vgl. hierzu *Roxin/Schünemann*, Strafverfahrensrecht, § 19 Rn. 75.

[33] Krit. *Wessing*, in: BeckOK-StPO, § 148 Rn. 18 f.

[34] *Roxin/Schünemann*, Strafverfahrensrecht, § 44 Rn. 40.

Exkurs zum Beweisverfahren: Die Feststellung der Schuld- und Rechtsfolgenfrage in der Hauptverhandlung richtet sich nach dem sog. **Strengbeweisverfahren.**[35] In diesem Verfahren sind folgende **Beweismittel** zugelassen: 66

- Zeugen (§§ 48 ff. StPO),
- Sachverständige (§§ 72 ff. StPO),
- Augenschein (§§ 86 ff. StPO) sowie
- Urkunden (§§ 249 ff. StPO).

Kein Beweismittel im engeren Sinne bildet die Einlassung des Beschuldigten. So macht das Gesetz selbst deutlich, dass die Beweisaufnahme in der Hauptverhandlung erst nach der Vernehmung des Angeklagten beginnt (§ 244 StPO). Eine eventuelle Einlassung des Angeklagten ist gleichwohl für die Schuld- und Rechtsfolgenfrage zu berücksichtigen.

Beim strafprozessualen Zeugen handelt es sich um eine Person, die 67
über ihre tatsächlichen Wahrnehmungen berichten kann und keine konfligierende Rolle in dem betreffenden Strafverfahren innehat.[36] Derartige tatsächlichen Wahrnehmungen können auch Zeugen vom Hörensagen tätigen (z.B. der Zeuge A, der erzählt, was er von der Zeugin B erfahren hat – A wäre hier Zeuge vom Hörensagen). **Ausgeschlossen vom Zeugenstatus** ist bspw. der im selben Verfahren Mitbeschuldigte. Zu den Rechten des Zeugen → Rn. 81 ff..

7. Sachverständiger

Der Sachverständige zeichnet sich durch eine besondere Sachkunde 68
aus und wird im Strafprozess üblicherweise innerhalb der folgenden **Aufgabenfelder** tätig:[37]

- Erläuterung von **Erfahrungssätzen** gegenüber dem Gericht.
- Erhebung von Tatsachen, für deren Erschließung eine Expertise notwendig ist (sog. **Befundtatsachen**).
- Durchführung von **Bewertungen**.

---

[35] *Engländer*, Examens-Repetitorium, Rn. 208.

[36] *Roxin/Schünemann*, Strafverfahrensrecht, § 26 Rn. 1 m.w.N.

[37] Die folgende Übersicht orientiert sich an *Trück*, in: MüKo-StPO, § 72 Rn. 3, 9.

B. Typische Fragestellungen

I. Was darf der Beschuldigte bzw. der Zeuge tun?

1. Rechte des Beschuldigten

69 Die Beteiligungsrechte des Beschuldigten folgen aus seiner Subjektstellung, die sich aus Art. 1 I GG ergibt und die es verbietet, den Beschuldigten als bloßes Objekt staatlicher Strafverfolgung zu behandeln. Die Frage, ob eine Person bestimmte Beschuldigtenrechte hat, macht in der Klausur die Prüfung bzw. kurze Feststellung erforderlich, ob die betreffende Person Beschuldigtenstatus hat (→ Rn. 58 ff.). Klausurrelevante Beschuldigtenrechte sind:

a) Schweigerecht

70 Der Beschuldigte ist nicht verpflichtet, zur Sache auszusagen. Dies folgt aus dem sog. **nemo-tenetur-Prinzip**. Dieser Grundsatz lautet ausformuliert „nemo tenetur se ipsum accusare“ (= Niemand ist verpflichtet, sich selbst anzuklagen). Er ergibt sich u.a. aus dem Rechtsstaatsprinzip (Art. 20 III GG) sowie aus dem Allgemeinen Persönlichkeitsrecht des Beschuldigten (Art. 2 I i.V.m. Art. 1 I GG).[38]

71 Das Schweigerecht des Beschuldigten korrespondiert mit entsprechenden **Belehrungspflichten** der Strafverfolgungsbehörden (→ Rn. 173 ff.). Unter Verstoß gegen diese Belehrungspflichten zustande gekommene Aussagen des Beschuldigten können **im Einzelfall unverwertbar** sein (→ Rn. 234 ff.).

b) Keine Wahrheitspflicht

72 Auch wenn ein Recht des Beschuldigten zur Lüge nicht ausdrücklich normiert ist, besteht für ihn keine Pflicht, in dem gegen ihn gerichteten Strafverfahren die Wahrheit zu sagen.[39] Dabei hat der Beschuldigte aber die Grenze zu berücksichtigen, die durch das strafbewehrte Verbot der falschen Verdächtigung (§ 164 StGB) gezogen wird.[40]

---

[38] So auch *Beulke/Swoboda*, Strafprozessrecht, Rn. 191 m.w.N.

[39] Vgl. BGH NJW 1952, 1265 (1266), wo in Bezug auf den Angeklagten betont wird, es bestehe „keine gesetzliche Verpflichtung, die Wahrheit zu sagen“.

[40] Zum selben Ergebnis gelangt man, wenn man die Auffassung vertritt, dass der Beschuldigte zwar eine Pflicht zur Wahrheit hat, ein Verstoß hiergegen aber grds. sanktionslos bleibt. In der Klausur muss dies aber regelmäßig nicht als Meinungsstreit diskutiert werden.

c) Anspruch auf rechtliches Gehör

Der Anspruch des Beschuldigten auf rechtliches Gehör findet seine verfassungsrechtliche Grundlage in Art. 103 I GG. Einfachgesetzlich ausgeformt wird der Anspruch auf rechtliches Gehör in der StPO an zahlreichen Stellen, sodass hier exemplarisch nur einige zentrale Fälle genannt werden: 73

- Für das **Ermittlungsverfahren** regelt § 163a I StPO: „Der Beschuldigte ist spätestens vor dem Abschluß der Ermittlungen zu vernehmen, es sei denn, daß das Verfahren zur Einstellung führt. In einfachen Sachen genügt es, daß ihm Gelegenheit gegeben wird, sich schriftlich zu äußern".
- Im **Zwischenverfahren** sichert die – weniger klausurrelevante – Vorschrift des § 201 StPO das Recht des Beschuldigten auf rechtliches Gehör.
- In der **Hauptverhandlung** gebührt dem Angeklagten das letzte Wort (§ 258 II Hs. 2 StPO).

d) Anwesenheitsrechte

Der Beschuldigte hat diverse Anwesenheitsrechte. **Beispiele** sind: 74

- Gem. § 168c II S. 1 StPO hat der Beschuldigte grds. ein Anwesenheitsrecht bei **richterlichen Vernehmungen von Zeugen oder Sachverständigen** im Ermittlungsverfahren. Einschränkungen ergeben sich aus § 168c III, IV StPO sowie aus § 168e StPO.
- Eine ähnliche Regelung findet sich bzgl. der **Einnahme eines richterlichen Augenscheins** in § 168d StPO.
- In der **Hauptverhandlung** hat der Angeklagte grds. ein umfassendes Anwesenheitsrecht.[41] § 230 I StPO bestimmt: „Gegen einen ausgebliebenen Angeklagten findet eine Hauptverhandlung nicht statt". Eine Einschränkung ergibt sich etwa aus § 247 StPO.

Teilweise hat der Beschuldigte in bestimmten Verfahrensteilen auch eine **Anwesenheitspflicht** (→ Rn. 94 ff.). 75

e) Recht auf Hinzuziehung eines Verteidigers

Aus § 137 I S. 1 StPO ergibt sich, dass der Beschuldigte in jeder Lage des Verfahrens ein Recht auf Hinzuziehung eines Verteidigers hat (→ Rn. 61). 76

---

[41] Meyer-Goßner/Schmitt/*Schmitt*, § 230 StPO Rn. 4; vgl. hierzu BGH NJW 2010, 2450 f.

f) Beweisantragsrecht

77 Der Beschuldigte hat u.a. das Recht, in der Hauptverhandlung Beweisanträge zu stellen. Gem. § 244 III S. 1 StPO liegt ein Beweisantrag vor,

> „wenn der Antragsteller ernsthaft verlangt, Beweis über eine bestimmt behauptete konkrete Tatsache, die die Schuld- oder Rechtsfolgenfrage betrifft, durch ein bestimmt bezeichnetes Beweismittel zu erheben und dem Antrag zu entnehmen ist, weshalb das bezeichnete Beweismittel die behauptete Tatsache belegen können soll“.

78 Die wesentlichen Elemente des Beweisantrags sind also die **Tatsache**, das **Beweismittel** und die sog. **Konnexität**[42] („dem Antrag zu entnehmen ist, weshalb das bezeichnete Beweismittel die behauptete Tatsache belegen können soll“). Die Frage, unter welchen Voraussetzungen ein Beweisantrag **abgelehnt** werden kann, ist in § 244 III S. 2, 3, IV, V StPO geregelt.

g) Fragerechte

79 In der Hauptverhandlung (§ 240 II StPO) und bei der richterlichen Zeugen- und Sachverständigenvernehmung im Ermittlungsverfahren (§ 168c II S. 2 StPO) hat der Angeklagte bzw. Beschuldigte ein Fragerecht. In beiden Fällen besteht die Möglichkeit der Zurückweisung, soweit die betreffende Frage ungeeignet ist oder nicht zur Sache gehört (§§ 168c II S. 3, 241 II StPO).

h) Recht der Rechtsmitteleinlegung

80 Nach § 296 I StPO ist der Beschuldigte rechtsmittelberechtigt.

2. Rechte des Zeugen

81 Ein Zeuge hat unter Umständen ein **Zeugnis- oder Auskunftsverweigerungsrecht** und ist in diesen Fällen von seiner grds. Aussagepflicht[43] (→ Rn. 107) entbunden. Für die Strafverfolgungsbehörden ergeben sich in diesen Fällen bestimmte **Belehrungspflichten** (→ Rn. 190 ff.), bei deren Verletzung sich die Frage der Konsequenzen für die **Beweisverwertung** stellen kann (→ Rn. 250 ff.).

---

[42] *Engländer*, Examens-Repetitorium, Rn. 211.
[43] Vgl. hierzu *Hellmann*, Strafprozessrecht, Rn. 724.

a) Zeugnisverweigerungsrecht

Ein Zeugnisverweigerungsrecht führt dazu, dass der Zeuge die Aussage zur Sache unterlassen darf. Die klausurrelevanten Regelungen zur Zeugnisverweigerung finden sich in §§ 52, 53, 53a StPO: 82

aa) § 52 StPO

Das Zeugnisverweigerungsrecht des Angehörigen des Beschuldigten ist in § 52 StPO geregelt. Der betreffende Zeuge hat in diesen Fällen ein Schweigerecht, also keine Schweigepflicht. Das durch § 52 StPO normierte Zeugnisverweigerungsrecht lässt sich mit der Gefahr eines persönlichen Konflikts **begründen**, der sich aus einem Widerstreit zwischen der Wahrheitspflicht des Zeugen (→ Rn. 108) und seiner persönlichen Verbundenheit zum Beschuldigten ergeben kann. 83

Die zeugnisverweigerungsberechtigten Angehörigen sind in § 52 I StPO normiert. Im Unterschied zu § 53 I Nr. 1, 2, 3, 3a, 3b StPO (→ Rn. 87) ist das Zeugnisverweigerungsrecht nach § 52 I StPO nicht sachlich beschränkt: Dies bedeutet bspw., dass der Verlobte eines Beschuldigten (§ 52 I Nr. 1 StPO) und die anderen nach § 52 StPO Zeugnisverweigerungsberechtigten **vollumfänglich schweigen** dürfen, während bspw. Berufsgeheimnisträger nur teilweise das Zeugnis verweigern können. 84

Gem. § 52 III S. 1 StPO sind die betreffenden Personen vor jeder Vernehmung über ihr Zeugnisverweigerungsrecht zu **belehren** (→ Rn. 191). Zur Frage eines **Verwertungsverbots** bei mangelnder Belehrung → Rn. 251. 85

bb) §§ 53, 53a StPO

In **§ 53 StPO** sind Zeugnisverweigerungsrechte von Berufsgeheimnisträgern geregelt. Die betreffenden Personengruppen sind in § 53 I S. 1 StPO normiert (u.a. Geistliche, Verteidiger, Ärzte). Es gibt einige wesentliche **Unterschiede zwischen § 52 StPO und § 53 StPO:** 86

- Im Unterschied zu § 52 I StPO gestattet § 53 I Nr. 1–3b StPO keine vollständige, sondern eine **sachlich beschränkte Zeugnisverweigerung**: So normieren die Nrn. 2–3b gleichlautend, dass die betreffenden Personen nur „über das, was ihnen in dieser Eigenschaft anvertraut worden oder bekanntgeworden ist", schweigen dürfen; § 53 I Nr. 1 StPO lautet ähnlich. 87
- Berufsgeheimnisträger haben den **Straftatbestand des § 203 StGB** zu berücksichtigen, in dessen Anwendungsbereich nicht nur ein Schweigerecht, sondern auch eine Schweigepflicht besteht. 88
- Einschränkungen des Zeugnisverweigerungsrechts nach § 53 I StPO ergeben sich aus § 53 II S. 1 StPO: Danach dürfen die in § 53 I S. 1 89

Nr. 2–3b StPO genannten Personen das Zeugnis nicht verweigern, wenn sie von ihrer Verpflichtung zur Verschwiegenheit **entbunden** wurden. Eine weitere Einschränkung ist in § 53 II S. 2, 3 StPO geregelt.

90 § 53 StPO normiert **keine Belehrungspflicht**. Begründen lässt sich diese gesetzgeberische Entscheidung damit, dass die betreffenden Berufsgeheimnisträger im Rahmen ihrer Ausbildung über das Zeugnisverweigerungsrecht in Kenntnis gesetzt worden sein dürften.[44]

91 In **§ 53a I StPO** werden einigen der Berufsgeheimnisträger i.S.d. § 53 StPO solche Personen gleichgestellt, die eine mitwirkende Funktion haben (bspw. Krankenpfleger oder Rechtsanwaltsfachangestellte). In § 53a II StPO wird die Geltung der Schweigepflichtenbindung nach § 53 II S. 1 StPO auch für die eben genannten mitwirkenden Personen angeordnet.

b) Auskunftsverweigerungsrecht (§ 55 StPO)

92 Jeder Zeuge hat gem. § 55 I StPO u.a. das Recht, die Auskunft auf solche Fragen zu verweigern, deren Beantwortung ihn selbst oder einen der in § 52 I StPO bezeichneten Angehörigen der Gefahr der Strafverfolgung aussetzen würde. Nach § 55 II StPO ist der Zeuge über sein Auskunftsverweigerungsrecht zu **belehren**. Zum Zeitpunkt der Entstehung der Belehrungspflicht → Rn. 193. Zur Frage der **Verwertbarkeit** im Fall einer unterbliebenen Belehrung → Rn. 252 f..

c) Zeugenbeistand

93 Zeugen können gem. § 68b I S. 1 StPO einen anwaltlichen Zeugenbeistand hinzuziehen. Ein solcher kann unter bestimmten Umständen (§ 68b II StPO) auch beigeordnet werden.

II. Was muss der Beschuldigte bzw. der Zeuge tun?

1. Pflichten des Beschuldigten

a) Erscheinens- bzw. Anwesenheitspflicht

94 Relevante Erscheinens- bzw. Anwesenheitspflichten des Beschuldigten betreffen das Ermittlungsverfahren sowie die Hauptverhandlung:

---

[44] Vgl. auch *Kreicker*, in: MüKo-StPO, § 53 Rn. 66.

aa) Ermittlungsverfahren

– Der Beschuldigte muss auf schriftliche Ladung (§ 133 I StPO) zu einer **richterlichen Vernehmung** im Ermittlungsverfahren erscheinen.[45] Bei Nichterscheinen kann eine zwangsweise Vorführung erfolgen (§ 133 II StPO). **95**

– Der Beschuldigte ist gem. § 163a III S. 1 StPO verpflichtet, auf Ladung zu einer **Vernehmung durch die StA** im Ermittlungsverfahren zu erscheinen. § 163a III S. 2 StPO verweist auf § 133 StPO. **96**

Zu beachten: Eine Pflicht, zu polizeilichen Vernehmungen zu erscheinen, existiert für den Beschuldigten nicht[46] (vgl. Wortlaut von § 163 III S. 1 StPO im Unterschied zu § 163a III S. 1 StPO). **97**

bb) Hauptverhandlung

Der Angeklagte hat grds. eine Anwesenheitspflicht in der Hauptverhandlung[47] (vgl. § 230 I StPO). Erscheint der Angeklagte nicht, so kann seine Vorführung angeordnet oder ein Haftbefehl erlassen werden (§ 230 II StPO). § 231 I S. 1 StPO bestimmt, dass sich der erschienene Angeklagte nicht aus der Verhandlung entfernen darf. Eine Entfernung des Angeklagten darf dabei gem. § 231 I S. 2 StPO auch aktiv verhindert werden. **98**

Die **Pflicht** des Angeklagten zur Anwesenheit in der Hauptverhandlung **entfällt** in folgenden Fällen: **99**

– Findet die Hauptverhandlung gegen mehrere Angeklagte statt, so können einzelne Angeklagte unter bestimmten Voraussetzungen von der Hauptverhandlung beurlaubt werden (**§ 231c StPO**).
– Der Angeklagte kann unter bestimmten Voraussetzungen von der Pflicht zum Erscheinen entbunden werden, wenn nur vergleichsweise geringe Sanktionen zu erwarten sind (**§ 233 StPO**).
– Zudem kann das Gericht anordnen, dass der Angeklagte sich während einer Vernehmung aus dem Sitzungszimmer entfernt, wenn zu befürchten ist, ein Mitangeklagter oder ein Zeuge werde bei seiner Vernehmung in Gegenwart des Angeklagten nicht die Wahrheit sagen (**§ 247 S. 1 StPO**).

Bei Eingreifen dieser Ausnahmen wird die Hauptverhandlung ohne den Angeklagten fortgeführt. Darüber hinaus besteht im Fall des **100**

---

[45] Meyer-Goßner/Schmitt/*Schmitt*, § 133 StPO Rn. 1, 5.
[46] *von Häfen*, in: BeckOK-StPO, § 163a Rn. 29.
[47] Meyer-Goßner/Schmitt/*Schmitt*, § 230 StPO Rn. 2.

§ 231 II StPO nach dem BGH auch die Möglichkeit, eine Hauptverhandlung ohne den Angeklagten durchzuführen, wenn er „seine Pflicht zum Verbleiben oder Wiedererscheinen eigenmächtig verletzt“[48] hat.

101 **Im Strafbefehlsverfahren** besteht gem. § 411 II S. 1 StPO die Besonderheit, dass sich der Angeklagte nach einem Einspruch (§ 410 I StPO) gegen einen Strafbefehl (§ 407 II StPO) in der Hauptverhandlung von einem Verteidiger mit nachgewiesener Vertretungsvollmacht vertreten lassen kann; der Angeklagte muss hier also nicht selbst erscheinen.[49]

b) Duldungspflicht

102 Der Beschuldigte muss gegen ihn vorgenommene strafprozessuale Zwangsmaßnahmen (z.B. körperliche Untersuchungen gem. § 81a I StPO oder Durchsuchungen gem. § 102 StPO) dulden. Eine Pflicht zur aktiven Mitwirkung an Ermittlungsmaßnahmen (bspw. zur aktiven Teilnahme an einer Atemalkoholkontrolle) besteht demgegenüber für den Beschuldigten wegen des nemo-tenetur-Grundsatzes (→ Rn. 70) nicht.

c) Aussagepflicht zur Identität

103 Der Beschuldigte muss gegenüber den Strafverfolgungsbehörden auf Nachfrage wahrheitsgemäße Angaben zu seiner Identität machen. Dies gilt sowohl für die Identitätsfeststellung durch die Strafverfolgungsbehörden (vgl. § 163a StPO) als auch für die Vernehmung des Angeklagten über seine persönlichen Verhältnisse gem. § 243 II S. 2 StPO, wobei die Pflicht zur wahrheitsgemäßen Aussage auf die in § 111 I OWiG genannten Aussagen beschränkt ist.[50] Das nemo-tenetur-Prinzip (→ Rn. 70) bezieht sich also nur auf die Angaben zur Sache (vgl. etwa den Inhalt der Belehrungspflicht gem. § 243 V S. 1 StPO), nicht auf die Angaben zur Person.[51]

---

48 BGH NJW 2011, 3249 (3252); vgl. zu dieser Voraussetzung, die sich nicht explizit aus dem Wortlaut von § 231 II StPO ergibt, aber in der Rspr. und Lit. verlangt wird: *Arnoldi*, in: MüKo-StPO, § 231 Rn. 13 m.w.N.

49 Vgl. *Maur*, in: KK-StPO, § 411 Rn. 10.

50 Vgl. Meyer-Goßner/Schmitt/*Schmitt*, § 243 StPO Rn. 11 f.

51 Meyer-Goßner/Schmitt/*Schmitt*, § 243 StPO Rn. 11 f.; krit. *Frister*, in: SK-StPO, § 26 f.

2. Pflichten des Zeugen

a) Erscheinenspflicht

Zeugen trifft die Pflicht, auf Ladung zu **richterlichen Vernehmungen** (§ 48 I StPO) und zu **staatsanwaltschaftlichen Vernehmungen** (§ 161a I S. 1 StPO) zu erscheinen. Zudem sind Zeugen auch verpflichtet, zu **Vernehmungen durch Ermittlungspersonen** der StA (→ Rn. 51 ff.) zu erscheinen, wenn der Ladung ein Auftrag der StA zugrunde liegt (§ 163 III S. 1 StPO). Zu sonstigen polizeilichen Vernehmungen muss der Zeuge nicht erscheinen.[52] 104

Die **§§ 48–71 StPO** sind auch bei Vernehmungen durch die StA und bei Vernehmungen durch Ermittlungspersonen der StA auf Grundlage eines Auftrags der StA entsprechend anwendbar, soweit nichts anderes bestimmt ist (§§ 161a I S. 2, 163 III S. 2 StPO). Eine eidliche Vernehmung darf jedoch nicht erfolgen (§§ 161a I S. 3, 163 III S. 3 StPO). 105

b) Duldungspflicht

Im Rahmen des Strafverfahrens sind Ermittlungs- und Zwangsmaßnahmen (→ Rn.110 ff.) auch gegen andere Personen als den Beschuldigten zulässig (z.B. Durchsuchung bei anderen Personen (§ 103 StPO). In diesem Umfang besteht für Zeugen eine Pflicht zur Duldung der entsprechenden Maßnahme. 106

c) Aussagepflicht

Der Zeuge ist verpflichtet, **vor dem Richter** (§ 48 I S. 2 StPO) und **vor der StA** (§ 161a I S. 1, 2 StPO) auszusagen, soweit keine im Gesetz zugelassene Ausnahme vorliegt; zu den Zeugnis- und Auskunftsverweigerungsrechten → Rn. 82 ff.. Entsprechendes gilt bei **Vernehmungen durch Ermittlungspersonen** der StA (→ Rn. 51 ff.), wenn der Ladung ein Auftrag der StA zugrunde liegt (§ 163 III S. 1, 2 StPO). 107

d) Wahrheitspflicht

Die Zeugenaussage in einer Vernehmung muss wahrheitsgemäß erfolgen.[53] § 57 S. 1 StPO normiert eine Pflicht, die Zeugen zur Wahrheit **zu ermahnen**. Bei richterlichen Zeugenvernehmungen gilt diese Vor- 108

---

[52] *Engländer*, Examens-Repetitorium, Rn. 81.

[53] *Beulke/Swoboda*, Strafprozessrecht, Rn. 293; *Engländer*, Examens-Repetitorium, Rn. 82.

schrift unmittelbar, bei staatsanwaltschaftlichen Zeugenvernehmungen findet sie über § 161a I S. 2 StPO entsprechende Anwendung.[54] Soweit einer Zeugenladung ein Auftrag der StA zugrunde liegt, also die StA die Zeugenladung veranlasst hat, gilt § 57 S. 1 StPO auch bei Vernehmungen durch Ermittlungspersonen der StA.[55] Bei Aussagen vor Gericht, nicht jedoch gegenüber Polizei oder StA, wird die Wahrheitspflicht des Zeugen in §§ 153, 154, 161 StGB auch **strafrechtlich** untermauert.

e) Eidespflicht

109 Den Zeugen trifft die Pflicht, sich nach § 59 StPO vereidigen zu lassen, sofern kein Vereidigungsverbot gem. § 60 StPO und kein Recht zur Eidesverweigerung gem. § 61 StPO vorliegt. Aus der Fassung des § 59 I S. 1 StPO ergibt sich aber, dass die **Nichtvereidigung die Regel** darstellt.[56] Wird eine Vereidigung für notwendig erachtet, gibt der Zeuge jedoch an, aus Glaubens- oder Gewissensgründen keinen Eid leisten zu wollen, so kommt alternativ eine **eidesgleiche Bekräftigung** der Wahrheit von Aussagen in Betracht (§ 65 I S. 1 StPO). Aus § 161a I S. 3 StPO und aus § 163 III S. 3 StPO ergibt sich, dass die eidliche Vernehmung dem **Gericht** vorbehalten bleibt.

III. Ist die Ermittlungsmaßnahme rechtmäßig?

110 Ermittlungs- und Zwangsmaßnahmen dienen im Vorverfahren (Ermittlungsverfahren) der Prüfung, ob ein hinreichender Tatverdacht gem. § 170 I StPO vorliegt. Eine gängige Fragestellung in der Klausur ist, ob eine solche Maßnahme rechtmäßig bzw. zulässig ist.

111 **Terminologie (1):** Häufig werden die Begriffe „Ermittlungs- und Zwangsmaßnahme“ gemeinsam verwendet, es wird also keine Abgrenzung zwischen einer Ermittlungsmaßnahme und einer Zwangsmaßnahme vorgenommen. Sie können deshalb in der Klausur auch gerne schlicht von einer „Ermittlungsmaßnahme“ sprechen und den Begriff „Zwangsmaßnahme“ einfach weglassen. Auch im Folgenden wird nur noch von Ermittlungsmaßnahmen gesprochen.

---

[54] *Maier*, in: MüKo-StPO, § 57 Rn. 3, 5.
[55] *von Häfen*, in: BeckOK-StPO, § 163 Rn. 24, 26.
[56] *Slawik*, in: KK-StPO, § 59 Rn. 1.

Terminologie (2): Die Begriffe „zulässig“ und „rechtmäßig“ sind in diesem Zusammenhang identisch. Ein weiteres Synonym wäre etwa „ordnungsgemäß“. 112

Da es sich bei einer Ermittlungsmaßnahme in aller Regel um eine belastende hoheitliche Maßnahme handelt, ist eine solche Maßnahme nur dann zulässig, wenn eine gesetzliche Ermächtigungsgrundlage besteht und wenn alle formellen und materiellen Voraussetzungen gegeben sind. 113

Klausurtipp (1): In der Klausur sollten Sie alle drei genannten Aspekte (Ermächtigungsgrundlage, formelle Voraussetzungen, materielle Voraussetzungen) im Bedarfsfall **zumindest kurz ansprechen**. Die Frage, ob die Ermächtigungsgrundlage in Betracht kommt, ist immer zuerst zu prüfen bzw. festzustellen. Die Reihenfolge der Prüfung der formellen und materiellen Voraussetzungen ist in der Regel unerheblich. 114

Klausurtipp (2): An die Frage, ob eine bestimmte Ermittlungsmaßnahme rechtmäßig ist, kann sich in der Klausur auch die Frage anknüpfen, ob das durch diese Maßnahme erlangte Beweismittel **verwertbar** ist (→ Rn. 194). Dementsprechend kann es auch sein, dass innerhalb der Beantwortung der Frage der Verwertbarkeit eines Beweismittels inzident zu prüfen ist, ob die betreffende Ermittlungsmaßnahme rechtmäßig ist (→ Rn. 110). 115

Klausurtipp (3): Eine eigenständige **Verhältnismäßigkeitsprüfung** ist in der strafprozessualen Klausur eher unüblich (→ Fn. 76). Eine Ausnahme gilt in den Fällen, in denen die Prüfung der Verhältnismäßigkeit einfachgesetzlich vorgeschrieben wird (z.B. bei der Untersuchungshaft gem. § 112 I S. 2 StPO). 116

1. Ermächtigungsgrundlage

Da es sich bei Ermittlungsmaßnahmen regelmäßig um erhebliche Grundrechtseingriffe handelt, ergibt sich aus dem Vorbehalt des Gesetzes, dass ein solcher Eingriff auf eine gesetzliche Ermächtigungsgrundlage gestützt werden muss. 117

Klausurtipp: In der Klausur reicht hier die Feststellung, dass als Ermächtigungsgrundlage „§ ... in Betracht kommt“. Die Frage, ob die Voraussetzungen dieser Ermächtigungsgrundlage vorliegen (mit 118 anderen Worten: die Frage, ob die Ermächtigungsgrundlage einschlägig ist), beantworten Sie erst später durch die Prüfung der formellen und materiellen Voraussetzungen.

a) Spezielle Ermächtigungsgrundlagen

119 Nach der sog. Wesentlichkeitslehre muss es für wesentliche Grundrechtseingriffe spezielle Ermächtigungsgrundlagen geben, die hinreichend bestimmt sind. Auch in der StPO werden zahlreiche spezielle Ermittlungsmaßnahmen normiert:

aa) Klausurrelevante Ermittlungsmaßnahmen

120 Abgesehen von der Vernehmung, die unten gesondert dargestellt wird (→ Rn. 134 ff.), sind die relevantesten Ermittlungsmaßnahmen in folgenden Ermächtigungsgrundlagen normiert:

121 – **§ 81a I S. 1 StPO** ermächtigt zur körperlichen Untersuchung des Beschuldigten, um Tatsachen festzustellen, die für das Verfahren von Bedeutung sind (→ Rn. 144). **§ 81a I S. 2 StPO** enthält eine spezielle Ermächtigungsgrundlage für die Entnahme von Blutproben und andere körperliche Eingriffe. Die Vorschriften gem. **§ 81a III StPO** und **§ 81e StPO** regeln den Umgang mit durch körperliche Untersuchungen erlangten Materialien.

122 **Terminologie:** Die *Untersuchung* (§ 81a StPO) umfasst auch die Suche nach Fremdkörpern im Körperinneren.[57] Die *Durchsuchung der Person* (§ 102 StPO) beinhaltet „die Suche nach Beweismitteln oder Spuren an der Kleidung oder am Körper“[58]. Unter § 102 StPO fällt auch die Einsichtnahme in natürliche Körperöffnungen (z.B. die Mundhöhle[59]), soweit diese Maßnahme ohne medizinische Hilfsmittel vorgenommen werden kann.[60]

123 – **§ 81c I und II StPO** gestattet die Untersuchung anderer Personen als dem Beschuldigten.

124 – **§ 94 I StPO** erlaubt die *Sicherstellung* von Gegenständen, die für den Gegenstand des betreffenden Verfahrens („für die Untersuchung“) von Bedeutung sein können und die gewahrsamslos sind bzw. freiwillig herausgegeben werden (→ Rn. 149. **§ 94 II StPO** er-

---

[57] Vgl. OLG Frankfurt a.M. NJW 1997, 1647 (1648); Meyer-Goßner/Schmitt/*Schmitt*, § 81a StPO Rn. 9.

[58] *Hegmann*, in: BeckOK-StPO, § 102 Rn. 11.

[59] OLG Celle NJW 1997, 2463; *Hauschild*, in: MüKo-StPO, § 102 Rn. 24.

[60] *Hauschild*, in: MüKo-StPO, § 102 Rn. 24.

mächtigt zur *Beschlagnahme* von Gegenständen, die für den Verfahrensgegenstand von Bedeutung sein können und vom bisherigen Gewahrsamsinhaber nicht freiwillig herausgegeben werden (→ Rn. 150 f.).

Klausurtipp: Bitte beachten Sie die unterschiedliche Terminologie: Sicherstellung vs. Beschlagnahme.

125 – **§§ 102 StPO** gestattet die Durchsuchung der Räumlichkeiten des Beschuldigten[61] sowie die Durchsuchung seiner Person (→ Rn. 152 ff.) und der ihm gehörenden Sachen. Zulässige Durchsuchungszwecke sind die Ergreifung des Beschuldigten oder die Ermittlung von Beweismitteln. **§ 103 StPO** ermächtigt zur Durchsuchung bei anderen Personen.

126 – **§ 112 I S. 1 StPO** ermächtigt zur Verhaftung (Untersuchungshaft bzw. U-Haft → Rn. 157 ff.).

127 – **§ 127 II Alt. 1 StPO** gestattet die vorläufige Festnahme durch die StA und durch die Polizei zur Ermöglichung einer Verhaftung.

128 **Exkurs:** Die vorläufige Festnahme nach § 127 II StPO ist nicht zu verwechseln mit dem jedermann zustehenden Festnahmerecht gem. § 127 I S. 1 StPO.

129 Weiter unten werden die formellen und materiellen Voraussetzungen der eben genannten Ermächtigungsgrundlagen näher dargelegt (→ Rn. 137 ff.).

bb) Sonstige Ermittlungsmaßnahmen

130 Weniger klausurrelevant (teilweise auch gar kein zulässiger Prüfungsgegenstand im Staatsexamen[62]) sind folgende Ermittlungsmaßnahmen:

131 – **§ 99 I S. 1 und S. 2 StPO** ermächtigen zur Postbeschlagnahme. Hierbei handelt es sich um einen speziellen Fall im Vergleich zu § 94 StPO,[63] die Postbeschlagnahme muss sich also auf Beweismittel beziehen.[64]

---

[61] Meyer-Goßner/Schmitt/*Köhler*, § 102 StPO Rn. 7.

[62] Dies gilt etwa nach der Hamburgischen Prüfungsgegenständeverordnung (HmbGVBl. 2003 S. 156) für die Ermittlungsmaßnahme der Telekommunikationsüberwachung. Beachten Sie aber, dass in diesem Bundesland zum 1. Januar 2024 eine neue Prüfungsgegenständeverordnung in Kraft tritt, welche den Pflichtstoff auch im Strafverfahrensrecht erweitert, vgl. HmbGVBl. Nr. 5 S. 83.

[63] Vgl. *Greven*, in: KK-StPO, § 99 Rn. 1 („Unterfall des § 94 [StPO]").

[64] *Greven*, in: KK-StPO, § 99 Rn. 1.

132 – **§ 100a I S. 1 StPO** gestattet die Überwachung und Aufzeichnung der Telekommunikation, und zwar auch ohne Wissen der Betroffenen.

133 – **§ 108 I StPO** erlaubt die einstweilige Beschlagnahme sogenannter Zufallsfunde (= Gegenstände, die bei der Gelegenheit einer Durchsuchung gefunden werden und nicht im Zusammenhang mit dem eigentlichen Verfahrensgegenstand stehen, die jedoch auf die Verübung einer anderen Straftat hindeuten). Ein Bsp. für einen Zufallsfund bildet ein Drogenfund bei einer Hausdurchsuchung wegen des Verdachts der Steuerhinterziehung. § 94 II StPO ist in derartigen Fällen nicht einschlägig, da der Zufallsfund in Bezug auf dasjenige Strafverfahren, das den Anlass der Durchsuchung gebildet hat, kein Beweismittel darstellt.

cc) Sonderfall: Vernehmungen

134 Einen Sonderfall nehmen Vernehmungen ein. Auch hier gibt es verschiedene Ermächtigungsgrundlagen, jedoch wird in der Klausur seltener gefragt, ob eine Vernehmung rechtmäßig durchgeführt wurde. Stattdessen wird häufiger gefragt, ob eine Belehrung erforderlich ist. Die Beantwortung dieser Frage hängt zunächst davon ab, welche Vernehmung vorliegt. In dieser Hinsicht sind folgende drei Klassifikationen denkbar: (1) anhand der vernehmenden Person (sog. Vernehmungsperson), (2) anhand der vernommenen Person und (3) anhand des Verfahrensabschnitts.

135 **Überblick relevanter Vernehmungen:**

Vernommene Person	**Vernehmungsperson**	**Verfahrensabschnitt**	**Ermächtigungsgrundlage zur Durchführung der Vernehmung**
Beschuldigter	Richter	Ermittlungsverfahren	§ 136 StPO
		Zwischenverfahren	§ 136 StPO
		Hauptverfahren außerhalb der Hauptverhandlung	§ 136 StPO
		Hauptverhandlung	§ 243 V S. 2 i.V.m. § 136 II StPO

	StA	Ermittlungsverfahren	§ 163a III S. 2 i.V.m. § 136 StPO
	Polizei	Ermittlungsverfahren	§ 163a IV StPO
Zeuge	Richter	Ermittlungsverfahren	§ 48 I StPO
		Hauptverhandlung	§§ 244 II, 48 I StPO
	StA	Ermittlungsverfahren	§ 163a I S. 1 StPO
	Polizei	Ermittlungsverfahren	§ 163 III StPO

b) Ermittlungsgeneralklausel

Soweit keine spezielle Ermächtigungsgrundlage in Betracht kommt, 136 kann die Ermittlungsgeneralklausel einschlägig sein. Diese lässt sich aus §§ 161 I, 163 I StPO herleiten. Auf die Voraussetzungen, die sich hieraus ergeben, wird weiter unten zurückzukommen sein (→ Rn. 167 ff.).

2. Formelle und materielle Voraussetzungen

Klausurtipp (1): In der Klausur bietet sich bei der Rechtmäßigkeitsprüfung aus Gründen der Übersichtlichkeit eine Unterscheidung zwischen formellen und materiellen Voraussetzungen an. Allerdings ist die Einordnung einer bestimmten Voraussetzung als *formell* oder als *materiell* nicht immer zwingend. So kann man sich bspw. darüber streiten, ob das Verbot, körperliche Eingriffe durch eine nichtärztliche Person vorzunehmen (§ 81a I S. 2 StPO), eher formeller oder eher materieller Natur ist. Allerdings sollte ein solcher Streit in der Klausur nicht geführt werden, da es keine besonderen Konsequenzen hat, ob eine Voraussetzung als *formell* oder als *materiell* eingeordnet wird. 137

Klausurtipp (2): Sie müssen die folgenden Rechtmäßigkeitsvoraussetzungen nicht auswendig lernen, da sie sich üblicherweise direkt aus dem Gesetz ergeben. Mitunter ist es aber hilfreich, sich zu merken, ob die Rechtmäßigkeitsvoraussetzungen in der betreffenden Ermächtigungsgrundlage stehen oder sich aus anderen Vorschriften ergeben. 138

a) Körperliche Untersuchung des Beschuldigten (§ 81a I S. 1 StPO)

aa) Formelle Voraussetzungen

139 In formeller Hinsicht erfordert die körperliche Untersuchung grds. eine richterliche Anordnung (**§ 81a II S. 1 Alt. 1 StPO**), also im Vorverfahren die Anordnung durch einen Ermittlungsrichter (sog. Richtervorbehalt → Rn. 18, 140). Darüber hinaus – und zwar „bei Gefährdung des Untersuchungserfolges durch Verzögerung" – werden alternativ auch die StA und ihre Ermittlungspersonen (→ Rn. 51 ff.) zur Anordnung ermächtigt (**§ 81a II S. 1 Alt. 2 StPO**); der Sache nach geht es hier also um eine besondere Eilkompetenz bei Gefahr im Verzug[65] (→ Rn. 140, 156). Eine Besonderheit gilt beim Vorwurf der Trunkenheit im Verkehr (§ 316 StGB) und damit im Zusammenhang stehender Delikte: Nach **§ 81a II S. 2 StPO** bedarf die Entnahme einer Blutprobe in diesen Fällen keiner richterlichen Anordnung.

140 **Exkurs zum Ermittlungsrichter:** Im Ermittlungsverfahren liegt die Verfahrensherrschaft bei der StA (→ Rn. 17; 42). Richter werden in diesem Verfahrensstadium nur unter bestimmten Voraussetzungen und mit besonderer Funktion tätig. Sie nehmen grds. nicht selbständig Ermittlungsmaßnahmen vor. Stattdessen übernehmen sie in der Regel nur die **Rechtskontrolle** bei besonders tiefgreifenden Ermittlungsmaßnahmen (sog. Ermittlungsrichter gem. § 162 StPO. Nach § 162 II StPO hat das Gericht „zu prüfen, ob die beantragte Handlung nach den Umständen des Falles gesetzlich zulässig ist"). Da die StA Herrin des Ermittlungsverfahrens ist, wird der Ermittlungsrichter grds. nur auf Antrag der StA tätig (vgl. § 162 I S. 1 StPO). Eine Ausnahme von diesem Antragserfordernis gilt im Fall des § 165 StPO (sog. Notstandsanwalt[66]).

Eine ermittlungsrichterliche Mitwirkung ist grds.[67] etwa **in folgenden Fällen** notwendig:

- **§ 81a II S. 1 StPO:** Anordnung der körperlichen Untersuchung eines Beschuldigten gem. § 81a I S. 1 StPO.
- **81c V StPO:** Anordnung der körperlichen Untersuchung einer anderen Person gem. § 81c I StPO.
- **§ 98 I S. 1 StPO:** Anordnung einer Beschlagnahme (z.B. nach § 94 II StPO).[68]

---

[65] *Goers*, in: BeckOK-StPO, § 81a Rn. 19.
[66] *Hellmann*, Strafprozessrecht, Rn. 192.
[67] Bitte beachten Sie die Ausnahmen in den jeweiligen Vorschriften!

– **§ 105 I S. 1 StPO:** Anordnung einer Durchsuchung (z.B. Wohnungsdurchsuchung gem. 102 StPO).

– **§ 125 StPO:** Richterlicher Haftbefehl (Anordnung der Untersuchungshaft) für eine Verhaftung gem. § 112 StPO.

Man spricht in den eben genannten Fällen vom sog. **Richtervorbehalt** (→ Rn. 18). Soweit eine solche richterliche Mitwirkung vorgesehen ist, sieht das Gesetz häufig die Möglichkeit vor, dass in Fällen besonderer Dringlichkeit (**Gefahr im Verzug**) anstelle eines grds. zuständigen Ermittlungsrichters eine andere Person die Ermittlungsmaßnahme anordnen kann:

– **§ 81a II S. 1 StPO und § 81c V StPO:** Bei „Gefährdung des Untersuchungserfolges durch Verzögerung".

– **§ 98 I S. 1 StPO und § 105 I S. 1 StPO:** Bei „Gefahr im Verzug".

Ein Sonderfall gilt bei der Verhaftung gem. § 112 StPO: Soweit ein richterlicher Haftbefehl fehlt, kommt eine vorläufige Festnahme gem. § 127 II StPO in Betracht.

Klausurtipp (1): Zur Prüfung der Gefahr im Verzug in der Klausur → Fall 3. 141

Klausurtipp (2): In der Klausur kann sich die Notwendigkeit der **Prüfung der Rechtmäßigkeit einer Ermittlungsmaßnahme** daraus ergeben, dass gefragt wird, ob ein Ermittlungsrichter die beantragte Anordnung erlassen wird. 142

Beispiel: Wird eine richterliche Anordnung gem. § 81a II StPO beantragt, so wird dieser Antrag nur dann Erfolg haben, wenn die materiellen und sonstigen formellen Voraussetzungen einer körperlichen Untersuchung des Beschuldigten gem. § 81a I S. 1 StPO vorliegen.

Achtung: Bei den *sonstigen* formellen Voraussetzungen darf dann nicht das Vorliegen einer richterlichen Anordnung gem. § 81a II StPO geprüft werden, da der Antrag gerade auf die Erlangung dieser Rechtmäßigkeitsvoraussetzung der Maßnahme gerichtet ist. Sonstige formelle Voraussetzungen (z.B. die Arzteigenschaft gem. § 81a I S. 2 StPO, sofern man diese als formelle Voraussetzung ansieht) sind hier aber durchaus zu prüfen.

[68] Vgl. *Hauschild*, in: MüKo-StPO, § 98 Rn. 1.

bb) Materielle Voraussetzungen

143 Wesentliche materielle Voraussetzungen sind:
- der **Beschuldigtenstatus** (→ Rn. 58 ff.) der zu untersuchenden Person (§ 81a I S. 1 StPO),
- das Vorliegen einer körperlichen Untersuchung (§ 81a I S. 1 StPO → Rn. 121 f.),

144 – die **Zwecksetzung** der Strafverfolgungsbehörden, Tatsachen festzustellen, die für das Verfahren von Bedeutung sind (§ 81a I S. 1 StPO). Dies kann **beispielsweise** in einem Strafverfahren wegen Trunkenheit im Verkehr gem. § 316 StGB die Ermittlung eines Blutalkoholgehalts sein. In Betracht kommt auch die Entnahme einer DNA-Probe in einem Strafverfahren gem. § 177 I StGB.

145 – Soweit eine körperliche Untersuchung ohne Einwilligung des Beschuldigten in Form der Blutprobenentnahme oder eines anderen körperlichen Eingriffs vorgenommen wird, sind zusätzlich die Voraussetzungen gem. **§ 81a I S. 2 StPO**[69] zu beachten:
  - Vornahme durch einen Arzt.
  - Vornahme nach den Regeln der ärztlichen Kunst.
  - Es darf kein Nachteil für die Gesundheit des Beschuldigten zu befürchten sein.

146 – Soweit die körperliche Untersuchung das Schamgefühl verletzen kann, gelten die Erfordernisse von **§ 81d StPO**.[70]

147 **Liegt eine Einwilligung des Beschuldigten vor**, ist grds. keine Anordnung gem. § 81a StPO notwendig.[71] Allerdings wird bei schwerwiegenden Eingriffen gleichwohl eine richterliche Anordnung gefordert.[72]

148 **Fall 2 (Brechmitteleinsatz)**[73]

Vier Zivilpolizisten beobachten den B dabei, wie er zweimal jeweils einen Plastikbeutel aus seinem Mund nimmt und einer anderen Person gegen Bezahlung aushändigt. Die Polizeibeamten gehen davon aus, dass diese Plastikbeutel mit Betäubungsmitteln gefüllt sind. Als sie den B vorläufig festnehmen, verschluckt er einen Plas-

---

[69] Die in § 81a I S. 2 StPO genannten Erfordernisse können durchaus auch als formelle Voraussetzungen geprüft werden.

[70] Die in § 81d StPO genannten Erfordernisse können durchaus auch als formelle Voraussetzungen geprüft werden.

[71] Meyer-Goßner/Schmitt/*Schmitt*, § 81a StPO Rn. 3; vgl. zur Blutentnahme OLG Hamburg NJW 2008, 2597 (2599).

[72] Meyer-Goßner/Schmitt/*Schmitt*, § 81a StPO Rn. 3.

[73] Anknüpfend an EGMR NJW 2006, 3117; vgl. zur Lösung des Falles auch *Engländer*, Examens-Repetitorium, Fall 30 (Rn. 134).

tikbeutel. Nachdem er sich weigert, ein Brechmittel einzunehmen, ordnet der zuständige Richter die Verabreichung eines solchen Mittels durch einen Arzt an. Während B von vier Polizisten festgehalten wird, wird ihm von dem Arzt ein Brechmittel über eine Nasen-Magen-Sonde und per Injektion verabreicht. In der Folge erbricht der B den Beutel, der – wie sich herausstellt – Kokain enthält.

War die zwangsweise Verabreichung des Brechmittels zulässig?

Kurzgutachten: Zu prüfen ist, ob die zwangsweise Verabreichung des Brechmittels rechtmäßig war. Dies setzt voraus, dass eine Ermächtigungsgrundlage in Betracht kommt und dass die formellen und materiellen Rechtmäßigkeitsvoraussetzungen gegeben sind.

1. Ermächtigungsgrundlage

Als Ermächtigungsgrundlage kommt § 81a I StPO in Betracht.

2. Formelle Voraussetzungen

Eine richterliche Anordnung gem. § 81a II S. 1 Alt. 1 StPO liegt vor, sodass die formellen Voraussetzungen gegeben sind.[74]

3. Materielle Voraussetzungen

Fraglich ist, ob die notwendigen materiellen Voraussetzungen gegeben sind. B ist Beschuldigter.

a) Körperliche Untersuchung beim Beschuldigten

Gegen B wurde wegen eines Tatverdachts wegen Verstoßes gegen das Betäubungsmittelgesetz ermittelt, sodass er Beschuldigter i.S.d. § 81a StPO ist. Der Brechmitteleinsatz dient der Suche nach Fremdkörpern im Körperinneren, sodass eine körperliche Untersuchung eines Beschuldigten i.S.d. § 81a S. 1 StPO gegeben ist.

b) Tauglicher Untersuchungszweck

Der Brechmitteleinsatz dient der Suche nach potenziellen Beweismitteln (mit anderen Worten: der Feststellung verfahrenserheblicher Tatsachen). Ein tauglicher Untersuchungszweck i.S.d. § 81a I S. 1 StPO ist folglich gegeben.

[74] Die Voraussetzungen gem. § 81a I S. 2 StPO werden hier als materielle Voraussetzungen geprüft, könnten aber gleichermaßen als formelle Voraussetzungen angesprochen werden.

c) Spezifische Voraussetzungen bei körperlichen Eingriffen

Der Brechmitteleinsatz stellt einen körperlichen Eingriff dar, sodass die Rechtmäßigkeit davon abhängt, ob die zusätzlichen Voraussetzungen gem. § 81a I S. 2 StPO gegeben sind. Eine ärztliche Durchführung liegt vor. Allerdings setzt § 81a I S. 2 StPO voraus, dass die Maßnahme keine gesundheitlichen Nachteile erwarten lässt. Bedenkt man, dass die verschluckten Plastikpäckchen beim Erbrechen platzen könnten, ist die Annahme gut vertretbar, dass gesundheitliche Nachteile zu erwarten sind. *(a.A. im konkreten Fall vertretbar).*[75]

(Soweit Sie zum Ergebnis kommen, dass gesundheitliche Nachteile zu erwarten sind, endet die Prüfung an dieser Stelle, da die Rechtswidrigkeit der Maßnahme dann feststeht. Andernfalls geht die Prüfung mit folgendem Prüfungspunkt weiter.)

d) Kein Verstoß gegen höherrangiges Recht[76]

Fraglich ist, ob die Maßnahme gegen höherrangiges Recht verstößt. Bei dem Brechmitteleinsatz könnte es sich um einen Zwang zum aktiven Tun (Erbrechen) handeln,[77] der gegen das nemo-tenetur-Prinzip verstößt. Allerdings stellt sich die Frage, ob körperliche Reflexe tatsächlich gleichzusetzen sind mit aktivem Tun, zu dem ein Beschuldigter nach dem nemo-tenetur-Prinzip in der Tat nicht gezwungen werden darf.

---

[75] So könnte etwa erwogen werden, ob eine solche Gefahr nicht dann sogar größer ist, wenn die Päckchen bis zum Ausscheiden – also über einen längeren Zeitraum – im Körperinneren verbleiben. Vgl. in diesem Kontext auch EGMR NJW 2006, 3117, wo es heißt: „Wenn der Beschuldigte Beutel mit Betäubungsmitteln verschluckt hat, ist die Verabreichung von Brechmitteln nicht unbedingt notwendig, weil das Ausscheiden auf natürlichem Wege abgewartet werden kann."

[76] Anders als bei einer klassischen öffentlich-rechtlichen Klausur ist in der strafprozessualen Zusatzfrage regelmäßig nicht zu prüfen, ob die Maßnahme *gegen höherrangiges Recht verstößt* oder ob die Maßnahme *verhältnismäßig* ist. Dies liegt daran, dass zahlreiche grundlegende Rechtsprinzipien (z.B. die Menschenwürde gem. Art. 1 I GG) im Strafverfahrensrecht ohnehin einfachgesetzlich ausgestaltet sind und da die Strafverfolgungsbehörden hinsichtlich der Frage der Verhältnismäßigkeit grds. einen weiten Beurteilungsspielraum haben. Einen wichtigen Fall, wo ausnahmsweise aus gegebenem Anlass die Vereinbarkeit der Maßnahme mit höherrangigem Recht geprüft wird, bildet aber der hier diskutierte Brechmitteleinsatz. Darüber hinaus ist noch darauf hinzuweisen, dass bei der Prüfung einer Anordnung der Untersuchungshaft aufgrund der einfachgesetzlichen Regelung Ausführungen zur Frage der Verhältnismäßigkeit (§ 112 I S. 2 StPO) üblich sind.

[77] So: OLG Frankfurt am Main NJW 1997, 1647 (1648).

Jedoch könnte diese Frage offenbleiben, wenn die Maßnahme bereits aus einem anderen Grund rechtswidrig ist. In dieser Hinsicht ist die Annahme vertretbar, dass der hier durchgeführte Brechmitteleinsatz (mitsamt dem Festhalten durch vier Polizeibeamte) dem Rechtsgedanken des Art. 3 EMRK (Verbot der Folter) widerspricht. Das Festhalten, die zwangsweise Verabreichung von Brechmitteln sowie das erzwungene Erbrechen überschreiten nach dieser Ansicht die in Art. 3 EMRK geforderte Schwere und stellen einen psychisch und physisch schwerwiegenden Eingriff in das Recht auf körperliche Unversehrtheit von B dar.[78] Die Behandlung von B allein aus dem Grund, Beweismittel zu erlangen, begründet eine unmenschliche und erniedrigende Behandlung i.S.d. Art. 3 EMRK.

4. Ergebnis

Die Maßnahme ist unzulässig *(a.A. vertretbar)*.

b) Sicherstellung (§ 94 I StPO)

In materieller Hinsicht muss es sich um einen Gegenstand handeln, der als Beweismittel für das jeweilige Strafverfahren von Bedeutung sein kann (z.B. mutmaßliches Tatwerkzeug) (§ 94 I StPO). Darüber hinaus muss der Gegenstand entweder gewahrsamslos sein (so z.B. bei einem auf der Straße liegenden Gegenstand) oder er muss freiwillig durch den Gewahrsamsinhaber herausgegeben werden (Umkehrschluss zu § 94 II StPO). **149**

c) Beschlagnahme (§ 94 II StPO)

In **formeller** Hinsicht erfordert die Beschlagnahme grds. eine richterliche Anordnung; bei Gefahr im Verzug gelten Ausnahmen (§ 98 I S. 1 StPO → Rn. 140). Sofern eine Beschlagnahme ohne gerichtliche Anordnung erfolgt, gilt § 98 II bzw. III StPO. **150**

Wesentliche **materielle** Voraussetzungen sind die Folgenden: **151**

- Es muss sich um einen Gegenstand handeln, der als Beweismittel für das jeweilige Strafverfahren von Bedeutung sein kann (z.B. mutmaßliches Tatwerkzeug) (§ 94 I, II StPO).
- Der Gegenstand muss sich im Gewahrsam einer Person befinden, die ihn nicht freiwillig herausgibt (§ 94 II StPO).
- Es darf kein Beschlagnahmeverbot gem. § 97 StPO bestehen.

[78] EGMR NJW 2006, 3117 Rn. 82.

d) Durchsuchung beim Beschuldigten (§ 102 StPO)

aa) Formelle Voraussetzungen

(1) Anordnungsbefugnis

152 Gem. § 105 I S. 1 StPO dürfen Durchsuchungen nur durch den Richter, bei Gefahr im Verzug auch durch die StA und ihre Ermittlungspersonen (→ Rn. 51 ff.) angeordnet werden.

(2) Spezielle Verfahrensbestimmungen

153 Spezielle Verfahrensbestimmungen ergeben sich etwa aus § 104, § 105 II, III und § 106 StPO. Diese enthalten Regelungen zu zeitlichen Einschränkungen, Anwesenheitspflichten und Anwesenheitsrechten während einer Durchsuchung.

bb) Materielle Voraussetzungen

(1) Durchsuchungsgegenstände

154 Taugliche Durchsuchungsgegenstände sind gem. § 102 I S. 1 StPO zum einen die **Wohnung**, ein **sonstiger Raum** oder eine **bewegliche Sache**, die in der tatsächlichen Sachherrschaft des Beschuldigten stehen.[79] Zum anderen kann die **Person des Beschuldigten** durchsucht werden (zur Abgrenzung zu § 81a I S. 1 StPO → Rn. 122).

(2) Durchsuchungszweck

155 Alternativ oder kumulativ zulässige[80] Zwecke der Durchsuchung sind gem. § 102 I S. 1 StPO die Ergreifung des Beschuldigten sowie das Auffinden von Beweismitteln.

156 **Fall 3 (Gefahr im Verzug)**[81] A lebt mit seiner Lebensgefährtin (L) und deren Sohn (S) in einer gemeinsamen Wohnung. Die Stimmung unter den drei Personen ist regelmäßig sehr angespannt. Eines Tages entdeckt A, dass der volljährige S ohne behördliche Erlaubnis eine Schusswaffe in seiner Kommode aufbewahrt. Als A den S mit dieser Erkenntnis konfrontiert, wird er von S massiv bedroht. A alarmiert deshalb um 16.30 Uhr die Polizei, woraufhin die StA noch am selben Tag bei der zuständigen Ermittlungsrichterin (E) einen Durchsuchungsantrag gem. §§ 102, 105 StPO stellt. Die gegen 17.25 Uhr telefonisch erreichte E erklärt der StA jedoch, ohne Vor-

---

[79] Meyer-Goßner/Schmitt/*Köhler*, § 102 StPO Rn. 7 ff.; *Ostendorf/Brüning*, Strafprozessrecht, S. 125.

[80] Vgl. *Ostendorf/Brüning*, Strafprozessrecht, S. 125.

[81] Anknüpfend an BVerfG NJW 2015, 2787.

lage einer Ermittlungsakte keine Entscheidung über die beantragte Durchsuchungsanordnung treffen zu können. Daraufhin ordnete die StA die Durchsuchung um 17.30 Uhr selbst an.

War die Durchsuchung rechtmäßig?

Kurzgutachten: Zu prüfen ist, ob die Durchsuchung rechtmäßig war. Dies setzt voraus, dass eine Ermächtigungsgrundlage in Betracht kommt und dass die formellen und materiellen Rechtmäßigkeitsvoraussetzungen gegeben sind.

1. Ermächtigungsgrundlage

Als Ermächtigungsgrundlage kommt § 102 StPO in Betracht.

2. Formelle Voraussetzungen

Die gem. § 105 I S. 1 StPO regelmäßig erforderliche richterliche Anordnung liegt nicht vor. Fraglich ist, ob die hier erfolgte Anordnung durch die StA ausreichend ist. Dies setzt das Vorliegen einer Gefahr im Verzug voraus. Eine solche ist nur anzunehmen, wenn die richterliche Anordnung nicht mehr eingeholt werden kann, ohne dass der Zweck der Maßnahme (regelmäßig die Sicherstellung von Beweismitteln) gefährdet wird.[82] In Anbetracht der aus § 105 I S. 1 StPO (und aus Art. 13 II GG) ersichtlichen richterlichen Regelzuständigkeit haben die Ermittlungsbehörden die Pflicht, sich regelmäßig um eine richterliche Durchsuchungsanordnung zu bemühen.[83] Dies ist vorliegend geschehen.

Fraglich ist jedoch, wie es sich auswirkt, dass E erklärte, ohne Vorlage einer Ermittlungsakte keine Entscheidung über die beantragte Durchsuchungsanordnung treffen zu können. Mit der Befassung der Ermittlungsrichterin erlischt die Eilkompetenz, denn auch in der Aussage, nicht ohne Akteneinsicht entscheiden zu können, liegt letztlich eine rechtliche Bewertung. Durch die Ablehnung der sofortigen Entscheidung verneint E implizit eine evidente Gefahr im Verzug. Würde man in diesem Fall ein Wiederaufleben der Eilkompetenz der StA annehmen, so bliebe die Entscheidung der E unzulässigerweise unbeachtet. Aus diesem Grund ist davon auszugehen, dass die Eilkompetenz der StA mit der Befassung der E endet.[84] Mangels entgegenstehender Sachverhaltsangaben kann hier

[82] BVerfG NJW 2015, 2787 (2789).

[83] BVerfG NJW 2015, 2787 (2790).

[84] Diese Lösung orientiert sich an BVerfG NJW 2015, 2787, wo es heißt: „Mit der Befassung des zuständigen Ermittlungs- oder Eilrichters durch die Stellung eines Antrags auf Erlass einer Durchsuchungsanordnung und der

auch offenbleiben, ob der Fall anders zu behandeln wäre, wenn sich nachträglich neue Erkenntnisse ergeben.[85] Dementsprechend reichte die Anordnung durch die StA hier nicht aus. *(A.A. vertretbar,*[86] *soweit Sie sich mit der hier vertretenen Ansicht auseinandersetzen. → Soweit Sie die a.A. vertreten, müsste die Prüfung mit der Erörterung der materiellen Voraussetzungen weitergehen).*

3. Ergebnis

Die Durchsuchung war in Ermangelung eines richterlichen Durchsuchungsbeschlusses rechtswidrig.

e) Verhaftung (Untersuchungshaft) (§ 112 I S. 1 StPO)

aa) Formelle Voraussetzungen

157 Wesentliche formelle Voraussetzungen sind:

---

dadurch eröffneten Möglichkeit präventiven Grundrechtsschutzes durch den Richter endet die Eilkompetenz der Ermittlungsbehörden" (Leitsatz 2). „Entscheidend ist dabei nicht der Zeitpunkt, zu dem die StA den Entschluss fasst, eine richterliche Durchsuchungsanordnung zu beantragen, sondern der Zeitpunkt, in dem das Gericht mit dem Antrag auf Erlass einer Durchsuchungsanordnung befasst wird. Dies ist der Fall, wenn die StA dem zuständigen Richter den Antrag tatsächlich unterbreitet hat, so dass dieser in eine erste Sachprüfung eintreten kann. Erst ab diesem Zeitpunkt kann der Richter die Aufgabe präventiven Grundrechtsschutzes gem. Art. 13 II GG erfüllen. Damit entfällt das Bedürfnis für eine Eilanordnung der Strafverfolgungsbehörden, da es nunmehr Sache des zuständigen Richters ist, über die Voraussetzungen und die Eilbedürftigkeit eines Eingriffs in das Grundrecht aus Art. 13 I GG im Lichte des verfassungsrechtlichen Gebots effektiver Strafverfolgung zu entscheiden" (ebd. 2791). – **Klausurtipp:** In der Klausur ist es nicht notwendig, dass Sie bestimmte Ansichten bestimmten Gerichten bzw. Autoren zuordnen.

[85] Vgl. hierzu BVerfG NJW 2015, 2787 (Leitsatz 3): „Die Eilkompetenz der Ermittlungsbehörden kann nur dann neu begründet werden, wenn nach der Befassung des Richters tatsächliche Umstände eintreten oder bekannt werden, die sich nicht aus dem Prozess der Prüfung und Entscheidung über diesen Antrag ergeben, und hierdurch die Gefahr eines Beweismittelverlusts in einer Weise begründet wird, die der Möglichkeit einer rechtzeitigen richterlichen Entscheidung entgegensteht."

[86] Vgl. in diesem Kontext auch *Hofmann*, NStZ 2003, 230, wo es heißt: „Lehnt ein ‚unwilliger' Richter die Befassung mit einem Durchsuchungsantrag ab, so ist die Staatsanwaltschaft zu einer Durchsuchungsanordnung wegen Gefahr im Verzug nach § 105 I StPO nicht nur befugt, sondern aufgrund des Legalitätsprinzips, des dieses sichernden § 258a StGB sowie des Rechtsstaatsprinzips nach Art. 20 III GG verpflichtet."

- Richterlicher **Haftbefehl** gem. § 114 StPO, der dem Beschuldigten bei der Verhaftung in Form einer Abschrift auszuhändigen ist (§ 114a StPO).
- **Belehrung** des Beschuldigten (§ 114b StPO).
- **Benachrichtigung** der Angehörigen (§ 114c StPO).

bb) Materielle Voraussetzungen

(1) Beschuldigtenstatus

Der zu Inhaftierende muss Beschuldigter (→ Rn. 58 ff.) sein (§ 112 I S. 1 StPO). **158**

(2) Dringender Tatverdacht

Gegen den zu Inhaftierenden muss ein dringender Tatverdacht bestehen (§ 112 I S. 1 StPO). Ein solcher liegt dann vor, wenn die große Wahrscheinlichkeit besteht, dass der Beschuldigte die ihm zur Last gelegte Straftat begangen hat.[87] **159**

(3) Haftgrund

Notwendig ist des Weiteren ein sog. Haftgrund (§ 112 I S. 1 StPO). **160**
Allgemeine Haftgründe sind:
- **Flucht** (§ 112 II Nr. 1 StPO).
- **Fluchtgefahr** (§ 112 II Nr. 2 StPO).**Verdunkelungsgefahr** (§ 112 II Nr. 3 StPO) meint, dass ein dringender Verdacht besteht, dass der Beschuldigte unzulässigerweise auf (sachliche oder persönliche) Beweismittel einwirken wird und somit die Wahrheitsfindung im Strafverfahren erschweren wird.[88] Dies ist z.B. der Fall, wenn nach den konkreten Umständen die große Wahrscheinlichkeit besteht, dass der Beschuldigte Zeugen beeinflussen wird.

Darüber hinaus bestimmt § 112 III StPO beim **Verdacht besonders schwerer Delikte** (z.B. Mord gem. § 211 StGB), dass „die Untersuchungshaft auch angeordnet werden [darf], wenn ein Haftgrund nach Absatz 2 nicht besteht". Eine wörtliche Anwendung dieser Regelung hätte allerdings zur Konsequenz, dass ein Beschuldigter vor der Verurteilung inhaftiert werden könnte, auch wenn keinerlei Flucht, Fluchtgefahr und Verdunkelungsgefahr bestünde. Eine solche Maßnahme würde die Untersuchungshaft sehr nahe an eine Sanktion rücken, was im Hinblick auf die Unschuldsvermutung (Art. 6 II EMRK) problematisch erscheint. Dagegen ist jedoch die möglicherweise zu erwartende **161**

---

[87] Vgl. *Heghmanns*, Strafverfahren, Rn. 263.
[88] Meyer-Goßner/Schmitt/*Schmitt*, § 112 StPO Rn. 26; *Engländer*, Examens-Repetitorium, Rn. 120.

hohe Strafe als Argument zu erwägen: So wäre etwa daran zu denken, dass in derartigen Fällen immer eine abstrakte Fluchtgefahr besteht. Allerdings bleibt eine solche Überlegung letztlich eine Unterstellung, sodass sich die Frage stellt, ob eine Untersuchungshaft ohne konkreten Haftgrund verhältnismäßig ist.[89] In **verfassungskonformer Auslegung**[90] von § 112 III StPO ist deshalb in den dort genannten Fällen erheblicher Tatvorwürfe zumindest ein abgeschwächter Haftgrund zu verlangen. Das BVerfG fordert dementsprechend zu Recht, dass „Umstände vorliegen, die die Gefahr begründen, daß ohne Festnahme des Beschuldigten die alsbaldige Aufklärung und Ahndung der Tat gefährdet sein könnte".[91]

162 Beim **Verdacht der Begehung bestimmter Delikte** (z.B. sexueller Missbrauch von Schutzbefohlenen gem. § 174 StGB) lässt das Gesetz als **zulässigen Haftgrund eine Wiederholungsgefahr** ausreichen (§ 112a StPO). Beim **Verdacht weniger schwerwiegender Delikte** ist die Verdunklungsgefahr kein tauglicher Haftgrund (§ 113 I StPO). Auf die Fluchtgefahr darf die Untersuchungshaft in diesen Fällen nur dann gestützt werden, wenn besondere Voraussetzungen gegeben sind (§ 113 II StPO).

(4) Verhältnismäßigkeit

163 Gem. § 112 I S. 2 StPO darf die Untersuchungshaft „nicht angeordnet werden, wenn sie zu der Bedeutung der Sache und der zu erwartenden Strafe oder Maßregel der Besserung und Sicherung außer Verhältnis steht".

164 **Klausurtipp:** Bitte beachten Sie, dass diese Verhältnismäßigkeitsprüfung die Ausnahme in der strafprozessualen Klausur ist (→ Fn. 76).

f) Vorläufige Festnahme (§ 127 II Alt. 1 StPO)

165 **Zuständig** (= **formelle** Voraussetzung) für die vorläufige Festnahme gem. § 127 II Alt. 1 StPO sind die StA und die Beamten des Polizeidienstes. Wesentliche **materielle** Voraussetzungen sind die Gefahr im

---

[89] Vgl. hierzu auch Meyer-Goßner/Schmitt/*Schmitt*, § 112 StPO Rn. 37; *Engländer*, Examens-Repetitorium, Fall 28 (Rn. 120).

[90] Vgl. hierzu auch *Engländer*, Examens-Repetitorium, Fall 28 (Rn. 120).

[91] BVerfG NJW 1966, 243 (244); die betreffende Entscheidung erging zu § 112 IV StPO a.F., der § 112 III StPO ähnlich ist.

Verzug (→ Rn. 140, 156) und das Vorliegen der materiellen Voraussetzungen eines Haftbefehls gem. §§ 112 ff. StPO[92] (→ Rn. 158 ff.).

Exkurs zum weiteren Verfahren: Ist eine vorläufige Festnahme erfolgt, so richtet sich das weitere Verfahren grds. nach § 128 StPO. 166

g) Ermittlungsgeneralklausel (§§ 161 I, 163 I StPO)

aa) Formelle Voraussetzungen

Die StA ist gem. § 161 I S. 1 Alt. 1 StPO grds. für „Ermittlungen jeder Art" **zuständig**, alternativ kann sie die Ermittlungen aber auch entsprechend Alt. 2 durch die Behörden und Beamten des Polizeidienstes vornehmen lassen. Darüber hinaus sind auch die Behörden und Beamten des Polizeidienstes gem. § 163 I S. 2 StPO grds. eigenständig für „Ermittlungen jeder Art" zuständig. 167

bb) Materielle Voraussetzungen

In materieller Hinsicht sind die Vorschriften, aus denen die strafprozessuale Ermittlungsgeneralklausel hergeleitet wird (§§ 161 I, 163 I StPO), vergleichsweise unkonkret. Nach dem Wortlaut ermächtigen die Regelungen zu „Ermittlungen jeder Art" (§ 161 I S. 1 StPO) bzw. zur Erforschung von Straftaten (§ 163 I S. 1 Alt. 1 StPO). Aus der **Wesentlichkeitslehre** und aus der Systematik der StPO ergibt sich allerdings, dass eine Maßnahme, die auf §§ 161 I, 163 I StPO gestützt wird, nach ihrer Eingriffsintensität nicht den oben genannten speziell geregelten Ermittlungsmaßnahmen entsprechen darf. Mit anderen Worten kann man sagen, dass die Voraussetzungen spezieller Vorschriften nicht durch einen Rückgriff auf die strafprozessuale Ermittlungsgeneralklausel umgangen werden dürfen. Auch dürfte es unzulässig sein, eine nur knapp unterhalb der Schwelle einer speziellen Ermittlungsmaßnahme liegende Handlung auf die Ermittlungsgeneralklausel zu stützen. So darf etwa eine nur knapp unter der Dauer i.S.d. § 163f StPO[93] liegende Observation (z.B. 24 Stunden) nicht unter die §§ 161 I, 163 I StPO subsumiert werden. Welche Maßnahmen allerdings im Einzelnen auf die Ermittlungsgeneralklausel gestützt werden dürfen, wird durchaus unterschiedlich gesehen.[94] 168

[92] Vgl. Meyer-Goßner/Schmitt/*Schmitt*, § 127 StPO Rn. 18, wo auf die Voraussetzungen der §§ 112, 112a StPO abgestellt wird.

[93] Eine solche sog. längerfristige Observation i.S.d. § 163f I S. 1 StPO liegt vor, wenn die planmäßige Beobachtung des Beschuldigten entweder durchgehend länger als 24 Stunden dauern oder an mehr als zwei Tagen stattfinden soll.

[94] Vgl. hierzu *Hellmann*, Strafprozessrecht, Rn. 146 f. m.w.N.

169 **Klausurtipp:** Zu dieser Frage werden in der Klausur regelmäßig keine vertieften Ausführungen erwartet. Doch sollte die Grundproblematik (d.h. Wesentlichkeitslehre und gesetzliche Ermächtigung) bekannt sein.

170 Gut vertretbar ist es jedenfalls, die **Verfolgung eines fliehenden Tatverdächtigen** auf die Ermittlungsgeneralklausel zu stützen.[95] Auch ein Gespräch mit einem sog. **Informanten** kann unter Umständen hierunter subsumiert werden.[96]

171 **Exkurs zu Verdeckten Ermittlern etc.:** Zu unterscheiden sind Informanten, V-Personen und Verdeckte Ermittler:

Verdecke Ermittler sind nach der gesetzlichen Legaldefinition des § 110a II S. 1 StPO „Beamte des Polizeidienstes, die unter einer ihnen verliehenen, auf Dauer angelegten, veränderten Identität (Legende) ermitteln". Die Voraussetzungen für den Einsatz Verdeckter Ermittler sowie ihre Befugnisse sind in §§ 110a, 110b, 110c StPO geregelt. Die Ermittlungsgeneralklausel reicht als Ermächtigungsgrundlage nicht aus.

Ein **Informant** ist eine Person, die (ohne einer Strafverfolgungsbehörde anzugehören) im Einzelfall bereit ist, gegen Zusicherung der Vertraulichkeit der Strafverfolgungsbehörde Informationen zu geben.[97] Die Kooperation mit Informanten wird auf die Ermittlungsgeneralklausel gestützt.

Eine **V-Person** ist eine Person, die, ohne einer Strafverfolgungsbehörde anzugehören, bereit ist, diese bei der Aufklärung von Straftaten auf längere Zeit vertraulich zu unterstützen, und deren Identität grds. geheim gehalten wird.[98] Es ist **umstritten**, ob die Ermitt-

---

[95] *Hellmann*, Strafprozessrecht, Rn. 147.

[96] Vgl. *Engländer*, Examens-Repetitorium, Rn. 165.

[97] Begriffsbestimmung nach Nr. 2.1 der Gemeinsamen Richtlinien der Justizminister/-senatoren und der Innenminister/-senatoren der Länder über die Inanspruchnahme von Informanten sowie über den Einsatz von Vertrauenspersonen (V-Personen) und Verdeckten Ermittlern im Rahmen der Strafverfolgung (abgedruckt in: Meyer-Goßner/Schmitt, Anhang 3 Anlage D).

[98] Begriffsbestimmung nach Nr. 2.2 der Gemeinsamen Richtlinien der Justizminister/-senatoren und der Innenminister/-senatoren der Länder über die Inanspruchnahme von Informanten sowie über den Einsatz von Vertrauenspersonen (V-Personen) und Verdeckten Ermittlern im Rahmen der Strafverfolgung (abgedruckt in: Meyer-Goßner/Schmitt, Anhang 3 Anlage D).

lungsgeneralklausel als Ermächtigungsgrundlage ausreicht oder ob eine spezielle Ermächtigung erforderlich ist.[99]

Klausurtipp: Zur effektiven Vorbereitung auf die Klausur kann man die genannten Personengruppen auch anhand der Kriterien „Zeitliche Dauer" und „Polizeizugehörigkeit" **klassifizieren:** 172

Verdecke Ermittler agieren **auf längere Zeit** und sind **Polizisten.**

V-Personen (V-Männer) agieren **auf längere Zeit** und sind **keine Polizisten.**

Informanten agieren **im Einzelfall** und sind **Privatpersonen.**[100]

IV. Muss der Beschuldigte bzw. der Zeuge belehrt werden?

Im Strafprozess gibt es verschiedene Konstellationen, in denen eine Person über ein ihr zustehendes Recht belehrt werden muss. Der Gesetzgeber geht in diesen Fällen davon aus, dass die betreffende Person das jeweilige Recht nicht zwingend kennt und deshalb im Fall der Unkenntnis an der Ausübung dieses Rechts gehindert ist. 173

Beispiel: Ein Zeuge, der mit dem Beschuldigten verlobt ist, darf im Strafverfahren die Aussage verweigern (§ 52 I Nr. 1 StPO). Über die Existenz dieses Zeugnisverweigerungsrechts ist der betreffende Zeuge vor jeder Vernehmung zu belehren (§ 52 III S. 1 StPO).

Klausurtipp: Soweit in der Klausur gefragt wird, ob eine Person belehrt werden muss, kommt es zunächst darauf an, dass Sie die in Betracht kommende Belehrungsvorschrift (z.B. § 52 III S. 1 StPO) finden. Sodann ist zu prüfen, ob die Voraussetzungen der jeweiligen Vorschrift einschlägig sind. Dies kann allgemein davon abhängen, welchen Status die betreffende Person hat (z.B. bei § 52 III S. 1 StPO: Zeuge mit Zeugnisverweigerungsrecht nach § 52 I StPO, also etwa der Verlobte gem. § 52 I Nr. 1 StPO) und welche Situation vorliegt (z.B. bei § 52 III S. 1 StPO: vor einer Vernehmung). Die Klausurfrage wird dann in der Regel darauf abzielen, dass eine dieser Voraussetzungen problematisch ist. 174

[99] Vgl. hierzu *Beulke/Swoboda*, Strafprozessrecht, Rn. 651 m.w.N.

[100] *Werner*, Art. „Informant", in: Weber, Weber kompakt, Rechtswörterbuch, 6. Ed. (Stand: 1. Juni 2022), 2022.

175 Ergibt die Prüfung das Vorliegen einer Belehrungspflicht, so kann sich daran die Frage anschließen, welche Konsequenzen ein Verstoß gegen diese Pflicht (also die Nichtbelehrung trotz Belehrungspflicht) hat. Dies betrifft etwa die Frage der **Verwertung** eines Vernehmungsergebnisses, das unter Verstoß gegen eine Belehrungspflicht zustande gekommen ist (→ Rn. 234 ff.).

1. Beschuldigter

a) Belehrung über Schweigerecht

176 Eines der zentralen Rechte des Beschuldigten ist sein Schweigerecht (→ Rn. 70 f.). Über dieses Recht muss er jedoch nicht bereits bei Beginn des Strafverfahrens bzw. bei Beginn seiner Beschuldigteneigenschaft[101] belehrt werden, sondern erst dann, wenn er als Beschuldigter vernommen werden soll. Die Frage, welche Belehrungsvorschrift in diesen Fällen einschlägig ist, richtet sich regelmäßig nach dem Verfahrensstadium und nach der Vernehmungsperson. Die klausurrelevanten **Konstellationen** sind:

– Belehrungspflicht bei der richterlichen Beschuldigtenvernehmung im Ermittlungsverfahren: **§ 136 I S. 2 StPO**.
– Belehrungspflicht bei der staatsanwaltlichen Beschuldigtenvernehmung im Ermittlungsverfahren: **§ 163a III S. 2 i.V.m. § 136 I S. 2 StPO**.
– Belehrungspflicht bei der polizeilichen Beschuldigtenvernehmung im Ermittlungsverfahren: **§ 163a IV S. 2 i.V.m. § 136 I S. 2 StPO**.
– Belehrungspflicht bei der richterlichen Beschuldigtenvernehmung in der Hauptverhandlung: **§ 243 V S. 1 StPO**.

177 **Klausurtipp:** Wird in der Klausur gefragt, ob (bzw. wann) der Beschuldigte über sein Schweigerecht belehrt werden muss, müssen Sie prüfen, ob die Voraussetzungen der in Betracht kommenden gesetzlichen Anordnung der Belehrung (z.B. § 163a IV S. 2 i.V.m. § 136 I S. 2 StPO) gegeben sind. Sodann haben Sie folgende drei Voraussetzungen zu prüfen:

1. Beschuldigtenstatus (→ Rn. 58 ff.).

2. Vernehmung (→ Rn. 134 ff.).

---

[101] Erinnert sei hier noch einmal daran, dass ein Strafverfahren auch gegen unbekannt geführt werden kann (→ Rn. 58), sodass die Beschuldigteneigenschaft unter Umständen erst nach Beginn des Ermittlungsverfahrens entsteht.

3. Taugliche Vernehmungsperson (Richter, StA oder Polizei) **und passender Verfahrensabschnitt** (Ermittlungsverfahren oder Hauptverfahren).[102]

Keine besonderen Probleme wird in der Klausur regelmäßig der dritte Prüfungspunkt bereiten, da für alle der genannten Vernehmungspersonen und Verfahrensabschnitte gesetzliche Belehrungspflichten existieren, die in der Rechtsfolge auch nicht wesentlich divergieren. Problematische Fälle können sich aber hinsichtlich der ersten beiden Prüfungspunkte ergeben. Dies ist bspw. dann der Fall, wenn die Polizei einen Verdächtigen als Zeugen vernimmt (→ Fall 6) oder wenn fraglich ist, ob überhaupt eine Vernehmung gegeben ist (→ Fälle 5 und 7). 178

Unstrittig dürfte die Beschuldigtenvernehmung aus folgenden Elementen bestehen: 179

– Befragung (→ Fall 7).
– Beschuldigteneigenschaft ab Beginn der Befragung (→ Fall 5).

Umstritten ist jedoch, ob eine Beschuldigtenvernehmung nur dann vorliegt, wenn der Befragende dem Beschuldigten in erkennbar amtlicher Eigenschaft gegenübertritt.[103] Relevant wird dieser Streit etwa beim Einsatz von Verdeckten Ermittlern (→ Fall 4). 180

Klausurtipp: Auch hinsichtlich des zuletzt genannten Meinungsstreits gilt die allgemeine Regel, dass Meinungsstreitigkeiten in der Klausur immer nur dann diskutiert werden sollten, wenn sie für die Lösung des Falles relevant sind bzw. wenn es auf die Entscheidung ankommt. Soweit also die befragende Person (= Vernehmungsperson) dem Beschuldigten in erkennbar amtlicher Eigenschaft gegenübertritt (bspw. als uniformierter Streifenpolizist, als sich ausweisende Kriminalpolizistin oder als ihre Rolle offenlegende Ermittlungsrichterin), brauchen Sie in der Klausur für die Frage des Vorliegens einer Beschuldigtenvernehmung nur zu prüfen, ob eine Befragungssituation und eine Beschuldigteneigenschaft vorliegt. 181

Formulierungsvorschlag: „Das Vorliegen einer Beschuldigtenvernehmung erfordert jedenfalls eine Befragungssituation und die Beschuldigteneigenschaft ab Beginn der Befragung. Die umstrittene Frage, ob eine Beschuldigtenvernehmung zusätzlich noch das Vor- 182

---

[102] Im Bsp. eben (§ 163a IV S. 2 i.V.m. § 136 I S. 2 StPO): Polizei und Ermittlungsverfahren.

[103] Vgl. hierzu die Darstellung bei *Beulke/Swoboda*, Strafprozessrecht, Rn. 177 m.w.N.

liegen einer erkennbar amtlichen Eigenschaft der Vernehmungsperson verlangt, kann vorliegend offenbleiben".

183 **Fall 4 (Verdeckter Ermittler und Belehrung)**

B wird von der StA beschuldigt, einen Juwelier überfallen zu haben. Um den B zu überführen, wird der Verdeckte Ermittler P eingeschaltet. Ohne Offenlegung seines wahren Berufs nimmt P Kontakt mit B auf. Als P den B eines Tages konkret auf den Tatvorwurf ansprechen will, fragt sich P, ob er den B nun zuerst nach § 136 I S. 2 i.V.m. § 163a IV StPO belehren muss.

Kurzgutachten: Zu prüfen ist, ob die Voraussetzungen einer Belehrungspflicht gem. § 136 I S. 2 i.V.m. § 163a IV StPO gegeben sind. Dies wäre dann der Fall, wenn P gerade im Begriff ist, eine polizeiliche Beschuldigtenvernehmung durchzuführen.

1. Beschuldigtenstatus

B ist Beschuldigter.

2. Polizeiliche Befragungsperson[104]

Als Verdeckter Ermittler gehört P zum Polizeidienst (§ 110a II S. 1 StPO).

3. Vernehmung

Zu prüfen ist des Weiteren, ob eine Vernehmung vorliegt. Die hierfür unstrittige Voraussetzung einer Befragungssituation ist gegeben. Fraglich ist jedoch, ob das Vorliegen einer Vernehmung zusätzlich voraussetzt, dass die Vernehmungsperson in erkennbar amtlicher Eigenschaft auftritt.

Gegen eine solche Voraussetzung könnte sprechen, dass das **nemo-tenetur-Prinzip** andernfalls umgangen werden könnte. Da der Beschuldigte sein Schweigerecht nicht zwingend kennt, ist die Belehrung regelmäßig wichtige Voraussetzung zur Wahrnehmung dieses Rechts. Andererseits ist zu berücksichtigen, dass ein Verdeckter Ermittler nicht ohne Weiteres, sondern **nur unter den Voraussetzungen der §§ 110a, 110b StPO** eingesetzt werden darf.

[104] Bitte beachten Sie in diesem Zusammenhang, dass § 163a IV StPO für *polizeiliche* Vernehmungen gilt. An dieser Stelle wird im Aufbau von „Befragungsperson" gesprochen, da das Vorliegen der *Vernehmung* noch nicht festgestellt wurde. Es spricht aber auch nichts dagegen, das Vorliegen einer Vernehmung zuerst zu prüfen.

Für die Annahme, dass der Vernehmungsbegriff eine erkennbar amtliche Eigenschaft voraussetzt, könnte sprechen, dass der Aufgabenbereich des Verdeckten Ermittlers erheblich eingeschränkt wäre, wenn sie Beschuldigte vor einer Befragung über das ihnen zustehende Aussageverweigerungsrecht belehren müssten. Andererseits könnte man entgegnen, dass für den Verdeckten Ermittler noch andere Einsatzgebiete (z.B. Zeugenbefragungen) blieben.

Für die Annahme, dass der Vernehmungsbegriff eine erkennbar amtliche Eigenschaft voraussetzt, könnte sprechen, dass die Situationen einer Befragung durch einen Verdeckten Ermittler und durch einen erkennbaren Polizisten nicht vergleichbar sind. Wird eine Äußerung gegenüber einem Verdeckten Ermittler gemacht, liegt in der Regel eine Täuschung des Beschuldigten vor, da dieser glauben wird, eine Äußerung im Bekanntenkreis zu machen. Jedoch besteht in diesen Fällen üblicherweise keine Gefahr, dass der Beschuldigte glaubt, zu einer Aussage verpflichtet zu sein. Eine solche Gefahr kann jedoch dann bestehen, wenn der Beschuldigte von einem erkennbaren Polizisten befragt wird.

Sieht man den Grund der Belehrungspflicht gem. § 136 I S. 2 i.V.m. § 163a IV StPO in der Vermeidung der eben angesprochenen Gefahr, so entfällt dieser Grund also bei einer Befragung durch einen Verdeckten Ermittler. Dementsprechend ist hier mit dem sog. *formellen Vernehmungsbegriff* davon auszugehen, dass eine Vernehmung eine erkennbar amtliche Eigenschaft des Befragenden voraussetzt. Da P hier nicht in erkennbar amtlicher Eigenschaft auftrat, liegt hier keine Vernehmung vor.

(Die andere Ansicht [= funktionaler bzw. materieller Vernehmungsbegriff], die keine erkennbar amtliche Eigenschaft der Vernehmungsperson verlangt, ist ebenfalls gut vertretbar. Argumentiert werden kann hierfür etwa mit dem oben genannten Argument der Gefahr der Umgehung des Aussageverweigerungsrechts).

4. Ergebnis

Mangels Vernehmungssituation ist P nicht zur Belehrung gem. § 136 I S. 2 i.V.m. § 163a IV StPO verpflichtet.

Fall 5 (Informatorische Befragung) 184

Der Passant X wird aus einem zehnstöckigen Mehrfamilienhaus mit einem Luftballon beworfen, der mit Farbe gefüllt ist. Da X's Mantel hierdurch stark verschmutzt wird, ruft er die Polizei. X kann den herbeigerufenen Polizeibeamten allerdings nicht sagen, aus welchem Fenster des Hauses die „Farbbombe" geworfen wurde. Deshalb entscheiden sich die Polizeibeamten dazu, zunächst bei dem Bewohner Y zu klingeln und diesen zu fragen, ob er etwas Verdächtiges beobachten oder hören konnte. Die Polizeibeamten hegen keinen konkreten Verdacht gegen Y, sondern wollen sich erst einmal ein Bild von der Lage machen.

Hätte Y bei Beginn der Befragung von den Polizeibeamten über ein Schweigerecht belehrt werden müssen?

Kurzgutachten: Zu prüfen ist, ob Y bei Beginn der Befragung über ein Schweigerecht hätte belehrt werden müssen. In Betracht kommt eine Belehrungspflicht gem. § 136 I S. 2 i.V.m. § 163a IV StPO. Diese setzt eine polizeiliche Beschuldigtenvernehmung voraus.

1. Polizeiliche Befragungsperson

Die Polizeibeamten gehören zur Polizei.

2. Beschuldigtenvernehmung[105]

Des Weiteren müsste hier eine Beschuldigtenvernehmung vorliegen. Eine Person wird Beschuldigter, wenn ein Anfangsverdacht und ein finaler Inkulpationsakt vorliegen. Ein Anfangsverdacht ist gegeben, wenn nach kriminalistischer Erfahrung die Möglichkeit besteht, dass eine verfolgbare Straftat vorliegt.[106] Allerdings hegen die Polizeibeamten gegen Y keinen konkreten Verdacht. In Anbetracht der zu vermutenden großen Bewohneranzahl in dem zehnstöckigen Haus ist auch nicht ersichtlich, dass Y zum Kreis der Tatverdächten gehören müsste.[107]

Im vorliegenden Fall möchten sich die Polizeibeamten ein Bild von der Situation machen. Eine solche sog. informatorische Befragung liegt dann vor, wenn die Polizei – in der Regel nach Ankunft am Tatort – noch keine bestimmte Person im Verdacht hat, sondern sich erst einmal ein Bild von der Situation verschaffen will.[108] Unter

---

[105] Bitte beachten Sie, dass die Prüfungsreihenfolge gegenüber der Lösung von Fall 4 anders ist. Dies ist möglich, da es **keine zwingende Reihenfolge** der zu prüfenden Voraussetzungen gibt. Bei der Lösung von Fall 5 erscheint es sinnvoll, das Merkmal „Beschuldigtenvernehmung" zusammen zu prüfen, sodass es der informatorischen Befragung gegenübergestellt werden kann.

[106] *Diemer*, in: KK-StPO, § 152 Rn. 7.

[107] Vgl. demgegenüber zum willkürlichen Vorenthalten der Beschuldigteneigenschaft → Fall 6.

[108] *Beulke/Swoboda*, Strafprozessrecht, Rn. 174.

diesen Voraussetzungen stellt eine derartige Befragung noch keine Beschuldigtenvernehmung dar.[109]

3. Ergebnis

Am Beginn der Befragung muss Y nicht über ein Schweigerecht belehrt werden.

Fall 6 (Beschuldigter oder Zeuge?) 185

Eines Abends wird in das Gebäude der X-Bank eingebrochen. Fingerabdrücke am Tatort und eine Zeugenaussage deuten aus Sicht der Polizei auf eine Tatbeteiligung des Y hin. Gleichwohl wird Y am Folgetag von der Polizei als Zeuge vernommen.

Hätte Y beim Beginn der Befragung über ein Aussageverweigerungsrecht belehrt werden müssen?

Kurzgutachten: Zu prüfen ist, ob Y bei Beginn der Befragung über ein Aussageverweigerungsrecht hätte belehrt werden müssen. In Betracht kommt eine Belehrungspflicht gem. § 136 I S. 2 i.V.m. § 163a IV StPO. Diese setzt eine polizeiliche Beschuldigtenvernehmung voraus.

1. Polizeiliche Befragungsperson

Die Polizeibeamten gehören zur Polizei.

2. Beschuldigtenvernehmung

Des Weiteren müsste hier eine Beschuldigtenvernehmung vorliegen. Eine Person wird Beschuldigter, wenn ein Anfangsverdacht und ein finaler Inkulpationsakt vorliegen. Ein Anfangsverdacht ist gegeben, wenn nach kriminalistischer Erfahrung die Möglichkeit besteht, dass eine verfolgbare Straftat vorliegt.[110] Aufgrund der Beweislage spricht einiges für einen Anfangsverdacht gegen Y.

Allerdings ist fraglich, ob ein finaler Inkulpationsakt gegeben ist. Ein solcher liegt dann vor, wenn die Strafverfolgungsbehörden eine Maßnahme vornehmen, die erkennbar darauf abzielt, gegen die betreffende Person zu ermitteln. Vorliegend ist problematisch, dass Y als Zeuge, nicht als Beschuldiger vernommen wurde. Rein formal kommt in dieser Maßnahme nicht zum Ausdruck, dass gegen Y ermittelt wird. Allerdings hatte die Polizei im Zeitpunkt der Vernehmung bereits einen Tatverdacht gegen Y. Wollte man vor die-

[109] *Beulke/Swoboda*, Strafprozessrecht, Rn. 174.
[110] *Diemer*, in: KK-StPO, § 152 Rn. 7.

sem Hintergrund bei der formalen Sichtweise bleiben und einen Beschuldigtenstatus ablehnen, hätte dies zur Konsequenz, dass Beschuldigtenrechte leicht umgangen werden könnten. Die Entscheidung der Polizei, den Y als Zeugen und nicht als Beschuldigten zu vernehmen, impliziert das willkürliche Vorenthalten von Beschuldigtenrechten und ist deshalb unbeachtlich.[111] Dementsprechend ist hier faktisch von einem finalen Inkulpationsakt in Form einer faktischen Beschuldigtenvernehmung auszugehen.[112]

3. Ergebnis

Y hätte gem. § 136 I S. 2 i.V.m. § 163a IV StPO belehrt werden müssen.[113]

186 **Fall 7 (Spontanäußerung)**[114]

Als sich B eines Abends in eine Polizeiwache begibt, wird sie von dem dort Dienst habenden Polizeibeamten P gefragt: „Wie kann ich Ihnen helfen?“ Ohne weitere Ankündigung sagt B nun gegenüber P: „Ich habe A erschossen!“ Daraufhin wird B vorläufig festgenommen und mit einem Polizeiauto zur Kreispolizeibehörde gebracht. Auf der längeren Fahrt schildert B gegenüber den Polizeibeamten P und Q Einzelheiten des Tatgeschehens.

Zu welchem Zeitpunkt hätte B über ein Schweigerecht belehrt werden müssen?

Kurzgutachten: Zu prüfen ist, zu welchem Zeitpunkt B über ein Schweigerecht hätte belehrt werden müssen. Als mögliche Zeitpunkte für eine Belehrung über ein Aussageverweigerungsrecht kommen das Betreten der Polizeiwache, die Abgabe von B's erster Äußerung und die Fahrt in Betracht.

---

[111] Dahingehend auch BGH NJW 2007, 2706 (2708).

[112] Bitte beachten Sie, dass es hier unterschiedliche – gleichberechtigte – dogmatische Wege gibt, um zur Annahme einer Belehrungspflicht zu kommen. Man kann – wie in der Lösung hier – die Auffassung vertreten, dass faktisch eine Beschuldigteneigenschaft und damit eine Belehrungspflicht gem. § 136 I S. 2 i.V.m. § 163a IV StPO gegeben sind. Man kann aber auch die Auffassung vertreten, dass dem Y hier willkürlich eine Beschuldigteneigenschaft vorenthalten wurde, sodass er nach dem Rechtsgedanken bzw. im Wege einer analogen Anwendung von § 136 I S. 2 i.V.m. § 163a IV StPO hätte belehrt werden müssen.

[113] S. Fn. 112.

[114] Basierend auf BGH NJW 2009, 3589; vgl. zu diesem Fall auch *Engländer*, Examens-Repetitorium, Fall 25.b (Rn. 101).

1. Betreten der Polizeiwache

Im Zeitpunkt des Betretens der Polizeiwache bestand keinerlei Tatverdacht gegen B, sodass diese keinen Beschuldigtenstatus hatte und deshalb auch nicht (z.B. gem. § 136 I, 163a IV S. 1 StPO) über ein Aussageverweigerungsrecht belehrt werden musste.[115]

2. B's erste Äußerung

B's Aussage „Ich habe A erschossen!" stellt eine sog. Spontanäußerung einer bis dato unverdächtigen Person dar.[116] Sie fand nicht im Rahmen einer Beschuldigtenvernehmung statt, sodass bei Beginn der Aussage nicht (z.B. gem. §§ 136 I, 163a IV S. 1 StPO) über ein Schweigerecht belehrt werden musste. Der verdachtsbegründende Sinn des Satzes „Ich habe A erschossen!" erschließt sich auch erst mit der Vollendung des Satzes, sodass auch während der Äußerung dieses Satzes keine Belehrungspflicht über ein Schweigerecht bestand.[117]

3. B's weitere Ausführungen während der Fahrt

Fraglich ist, ob während der Fahrt eine Belehrungspflicht bestand. Eine solche könnte sich aus § 136 I, 163a IV S. 1 StPO ergeben. Dies setzt voraus, dass während der Fahrt eine polizeiliche Beschuldigtenvernehmung stattgefunden hat.

a) Polizei

P und Q sind Polizeibeamte.

b) Beschuldigtenstatus

B müsste Beschuldigte sein. Nach der Abgabe des Spontangeständnisses bestand ein Tatverdacht gegen sie. Ein finaler Inkulpationsakt liegt in Form der vorläufigen Festnahme gem. § 127 II StPO vor. Demnach hat B den Status einer Beschuldigten.

c) Vernehmung

Fraglich ist, ob eine Vernehmung gegeben ist. Nachdem B Beschuldigtenstatus erlangt hat, wird sie nicht mehr befragt.[118] Aller-

---

[115] Dieses Ergebnis ist so naheliegend, dass eine Prüfung dieses Zeitpunkts in der Klausur weggelassen werden könnte.

[116] Vgl. BGH NJW 2009, 3589.

[117] Eine andere Lösung könnte in einem Fall in Betracht kommen, in dem das Spontangeständnis mit den Worten eingeleitet wird: „Ich möchte mich stellen!"

[118] Da P und Q hier in erkennbar amtlicher Eigenschaft auftraten, kommt es auf den Streit zwischen funktionalem und formellem Vernehmungsbegriff (→ Rn. 183) nicht an.

dings hören sich die Polizeibeamten P und Q auf der Fahrt den Bericht der zuvor festgenommenen B zum Tathergang an. Da nicht ersichtlich war, ob B von einer Aussagepflicht ausgeht, stellt es eine Umgehung des nemo-tenetur-Prinzips dar, wenn die Polizeibeamten in dieser Situation – während der Fahrt und während des Berichts – keine Belehrung vornehmen.[119] Es spricht demnach Einiges dafür, dass B ab dem Moment hätte belehrt werden müssen, in dem absehbar war, dass sie sich auf der Fahrt zum Tathergang einlässt.[120]

4. Ergebnis

B hätte ab dem Moment, ab dem absehbar war, dass sie sich auf der Fahrt zum Tathergang einlässt, gem. § 136 I, 163a IV S. 1 StPO[121] über ihr Aussageverweigerungsrecht belehrt werden müssen.

187 **Exkurs zur Belehrung des Beschuldigten in der Hauptverhandlung:** Auch in der Hauptverhandlung ist der Angeklagte über sein Schweigerecht zu belehren (§ 243 V S. 1 StPO). Dies gilt insbesondere auch dann, wenn der Angeklagte bereits in einem früheren Verfahrensabschnitt nach § 136 I S. 2 StPO (evtl. i.V.m. Verweisungsvorschriften) belehrt worden ist.[122]

Wurde der Beschuldigte vor Beginn der Hauptverhandlung unter Verstoß gegen die Belehrungspflicht nach § 136 I S. 2 StPO (evtl. i.V.m. Verweisungsvorschriften) vernommen, so besteht die Gefahr, der er nun als Angeklagter in der Hauptverhandlung glaubt, dass ein Schweigen zwecklos ist, da er ohnehin bereits „alles ausgeplaudert" hat. Vor diesem Hintergrund wird es nach allgemeiner Ansicht[123] nicht für ausreichend gehalten, dass der Angeklagte in der Hauptverhandlung (entsprechend dem Wortlaut des § 243 V S. 1 StPO) „darauf hingewiesen [wird], daß es ihm freistehe sich zu der Anklage zu äußern oder nicht zur Sache auszusagen". Stattdessen wird (über den Wortlaut dieser Vorschrift hinausgehend) eine sog. **qualifizierte Belehrung** verlangt. Danach ist der Angeklagte

---

[119] Anknüpfend an BGH NJW 2009, 3589.

[120] Auch wenn dieser Schlusssatz keine Feststellung einer Vernehmung impliziert, ist es trotzdem vertretbar, diesen Punkt unter der Überschrift „Vernehmung" abzuhandeln. Ebenso gut ist es aber auch vertretbar, das Vorliegen einer Vernehmung abzulehnen und sodann das Vorliegen einer vernehmungsähnlichen Situation zu prüfen und zu bejahen.

[121] Es ist auch vertretbar, hier §§ 136 I, 163a IV S. 1 StPO analog anzuwenden (vgl. Fn. 120).

[122] *Arnoldi*, in: MüKo-StPO, § 243 Rn. 57 m.w.N.

[123] Vgl. allgemein BGH NJW 2009, 1427.

„nicht nur auf sein, sich (auch) aus Abs. 5 S. 1 ergebendes Wahlrecht, sondern zugleich auch auf die Unverwertbarkeit seiner bisherigen Angaben hinzuweisen“ (*Arnoldi*).[124]

b) Belehrung über weitere Rechte

Dem Beschuldigten stehen noch weitere Rechte zu, über die er belehrt werden muss. Bei der **richterlichen Beschuldigtenvernehmung im Ermittlungsverfahren** bestehen etwa folgende klausurrelevante Belehrungspflichten: 188

– Über den Tatvorwurf und über die in Betracht kommenden Strafvorschriften (§ 136 I S. 1 StPO).
– Über das Recht auf Verteidigung (§ 136 I S. 2 StPO).

Bei der **staatsanwaltschaftlichen Beschuldigtenvernehmung im Ermittlungsverfahren** gelten die eben genannten Pflichten (über die Verweisung gem. § 163a III S. 2 StPO) entsprechend. Bei der **polizeilichen Beschuldigtenvernehmung im Ermittlungsverfahren** existieren folgende klausurrelevanten Belehrungspflichten: 189

– Über den Tatvorwurf (§ 163a IV S. 1 StPO).
– Über das Recht auf Verteidigung (§ 163a IV S. 2 i.V.m. § 136 I S. 2 StPO).

2. Zeuge

Anders als der Beschuldigte ist der Zeuge grds. zur Aussage verpflichtet (→ Rn. 107). Nur ausnahmsweise besteht ein Zeugnis- bzw. Auskunftsverweigerungsrecht (→ Rn. 81 ff.), über das gegebenenfalls belehrt werden muss. 190

a) Belehrung über Zeugnisverweigerungsrecht gem. § 52 StPO

Angehörige des Beschuldigten haben gem. § 52 I StPO ein Zeugnisverweigerungsrecht (→ Rn. 83 ff.), über das sie vor jeder Vernehmung zu belehren sind (§ 52 III S. 1 StPO). Zur Frage der **Verwertbarkeit** im Fall des Verstoßes gegen diese Pflicht → Rn. 250 ff. 191

Exkurs: An dieser Stelle sei noch einmal daran erinnert, dass im Kontext des Zeugnisverweigerungsrechts gem. **§ 53 StPO** *keine* Belehrungspflicht normiert ist (→ Rn. 90). 192

---

[124] *Arnoldi*, in: MüKo-StPO, § 243 Rn. 58.

b) Belehrung über Auskunftsverweigerungsrecht gem. § 55 StPO

193 Jeder Zeuge hat gem. § 55 I StPO u.a. das Recht, die Auskunft auf solche Fragen zu verweigern, deren Beantwortung ihn selbst oder einen der in § 52 I StPO bezeichneten Angehörigen der Gefahr der Strafverfolgung aussetzen würde (→ Rn. 92). Nach § 55 II StPO ist der Zeuge über sein Auskunftsverweigerungsrecht zu **belehren**; nach der Rspr. entsteht die Belehrungspflicht aber erst, wenn konkrete Anhaltspunkte für die Gefahr einer strafgerichtlichen Verfolgung bestehen.[125] Zur Frage der **Verwertbarkeit** im Fall des Verstoßes gegen diese Pflicht → Rn. 252 f.

V. Darf das Beweismittel verwertet werden?

194 Die Frage, ob ein Beweismittel verwertet werden darf, verlangt die Prüfung, ob ein Beweisverwertungsverbot vorliegt. Hiermit ist in der Regel die Frage gemeint, ob bestimmte Beweisergebnisse (z.B. eine belastende Zeugenaussage) unmittelbar für die Urteilsfindung berücksichtigt werden dürfen.

195 **Beachte:** Die Frage eines Beweisverwertungsverbots kann sich im Prinzip in allen Verfahrensstadien stellen. So kann sich etwa im Ermittlungsverfahren die Frage ergeben, ob auf der Grundlage des Inhalts eines Geständnisses, das mittels verbotener Vernehmungsmethoden (§ 136a I StPO) erwirkt wurde, weiter ermittelt werden darf. Dies ist eine Frage der Fernwirkung eines Beweisverwertungsverbots, das unten (→ Rn. 259) gesondert behandelt wird. In den Ausführungen davor (→ Rn. 197–258) wird immer die Konstellation zugrunde gelegt, dass die Hauptverhandlung begonnen hat und die Frage zu diskutieren ist, ob ein bereits erhobenes Beweismittel nun verwertet werden darf.

196 **Klausurtipp:** Die Frage nach Beweisverwertungsverboten kann in unterschiedlichen Formulierungen in der Klausur gestellt werden. **Beispiele** sind:
- „Darf das Beweismittel X verwertet werden?“
- „Darf der Entscheidung das Beweismittel X zugrunde gelegt werden?“
- „Darf das Beweismittel X für die Urteilsfindung berücksichtigt werden?“

---

[125] OLG Frankfurt NJW 1951, 614.

1. Klassifikation der Beweisverbote

Die Beweisverwertungsverbote fallen gemeinsam mit den sog. Beweiserhebungsverboten unter den Oberbegriff der Beweisverbote. **197**

a) Beweiserhebungsverbot

Von den Beweisverwertungsverboten sind die sog. Beweiserhebungsverbote zu unterscheiden. Diese untersagen den Strafverfolgungsbehörden (z.B. der StA und dem Gericht) die **Erhebung** bestimmter Beweise. Eine Erhebung lässt sich dahingehend umschreiben, dass ein bestimmtes Beweismittel (z.B. Aussage der Zeugin Z; Augenscheinsobjekt in Form eines blutigen Messers) erstmalig in die Sphäre der Strafverfolgungsbehörden aufgenommen wird (z.B. Protokollierung der Aussage der Zeugin Z durch die Polizeibeamtin P; Beschlagnahme des blutigen Messers und Verbringung dieses Objektes in die Asservatenkammer). **198**

Die Beweiserhebung erfolgt durch eine **Ermittlungsmaßnahme** (→ Rn. 110 ff.). Die Feststellung, dass ein Beweiserhebungsverbot gegeben ist, ist letztlich identisch mit der Erkenntnis, dass die entsprechende Ermittlungsmaßnahme (z.B. eine Beschlagnahme gem. § 94 I StPO) unzulässig bzw. rechtswidrig ist. **199**

Klausurtipp: Wird in der Klausur gefragt, ob bzgl. eines bestimmten Beweismittels ein Beweiserhebungsverbot vorliegt, können Sie Ihre Prüfung mit folgender Formulierung einleiten: „Das Vorliegen eines Beweiserhebungsverbots scheidet aus, wenn die betreffende Beweiserhebung zulässig ist. Dies ist dann der Fall, wenn es eine Ermittlungsmaßnahme gibt, die auf eine Ermächtigungsgrundlage gestützt werden kann und deren formelle und materielle Voraussetzungen gegeben sind." Hieran würde sich dann der oben (→ Rn. 114) vorgestellte dreigliedrige Prüfungsaufbau (1. Ermächtigungsgrundlage, 2. Formelle Voraussetzungen, 3. Materielle Voraussetzungen) anschließen. **200**

b) Beweisverwertungsverbot

Ein Beweisverwertungsverbot führt dazu, dass ein erhobenes Beweismittel keine Berücksichtigung für die Urteilsfindung haben darf. Es gibt unselbständige und selbstständige Beweisverwertungsverbote. Teilweise sind Beweisverwertungsverbote gesetzlich explizit normiert, teilweise müssen sie aus allgemeinen Rechtsprinzipien hergeleitet werden: **201**

202 **Klausurtipp:** In der Klausur wird in aller Regel nicht gefragt, ob ein bestimmtes unselbständiges oder ein bestimmtes selbständiges Beweisverwertungsverbot gegeben ist. Üblicherweise wird allgemein gefragt, ob ein bestimmtes Beweismittel verwertbar ist. Diese Frage zielt auf die Prüfung des Vorliegens möglicher Beweisverwertungsverbote. Je nach Fallgruppe (→ Rn. 208 ff.) kann sich ein solches Beweisverwertungsverbot in Form eines selbständigen oder eines unselbständigen Beweisverwertungsverbots ergeben. Relevant ist diese Unterscheidung für den Aufbau und den Umfang der Prüfung.

aa) Unselbständig

203 Wird ein bestimmtes Beweismittel unter Verstoß gegen ein Beweiserhebungsverbot erhoben, so kann hieraus unter Umständen ein sog. **unselbstständiges Beweisverwertungsverbot** folgen.

204 **Klausurtipp:** Ist in der Klausur nach dem Vorliegen eines Beweisverwertungsverbots gefragt (→ Rn. 194 ff.) und ziehen Sie ein bestimmtes unselbständiges Beweisverwertungsverbot in Betracht, so ist die Prüfung immer wie folgt zu gliedern:

1. Liegt ein Verstoß gegen ein Beweiserhebungsverbot vor?

Dies ist etwa dann der Fall, wenn eine unzulässige Ermittlungsmaßnahme gegeben ist (→ Rn. 110 ff.) bzw. wenn ein Verstoß gegen eine Belehrungspflicht vorliegt (→ Rn. 173 ff.). Bitte beachten Sie, dass Sie zu dem untenstehenden zweiten Prüfungspunkt („Folgt aus dem Verstoß ...") nur dann gelangen, wenn Sie das Vorliegen eines Verstoßes gegen ein Beweiserhebungsverbot (= erster Prüfungspunkt) bejaht haben. Wird der eben genannte Verstoß gegen ein Beweiserhebungsverbot hingegen verneint, so scheidet ein unselbständiges Beweisverwertungsverbot von vornherein aus.

2. Folgt aus dem Verstoß gegen das Beweiserhebungsverbot ein unselbständiges Beweisverwertungsverbot?

Es ist wichtig, dass **nicht in jedem Fall** aus einem Verstoß gegen ein Beweiserhebungsverbot ein unselbständiges Beweisverwertungsverbot folgt.

Dies zeigt sich **beispielsweise** in dem Fall, in dem die Polizei einen **körperlichen Eingriff beim Beschuldigten** (§ 81a I StPO) aufgrund einer Verwechselung nicht durch einen Arzt, sondern (ohne

Einverständnis des Beschuldigten und ohne ärztliche Aufsicht[126]) durch einen Krankenpfleger vornehmen lässt. Eine solche Maßnahme wäre wegen Verstoßes gegen § 81a I S. 2 StPO unzulässig; es läge also ein Verstoß gegen ein Beweiserhebungsverbot vor. Allerdings lässt sich gut vertreten, dass das Arzterfordernis gem. § 81a I S. 2 StPO ausschließlich dem Schutz der Gesundheit des Betroffenen dient,[127] nicht also der Zuverlässigkeit des Beweiswertes. Nach dieser Sichtweise würde ein solcher Verstoß gegen § 81a I S. 2 StPO also nicht zu einem Beweisverwertungsverbot führen.[128]

Das eben genannte Bsp. lässt sich wie folgt **verallgemeinern:** Aus dem Aspekt der **Schutzrichtung** kann sich ergeben, dass ein Verstoß gegen ein Beweiserhebungsverbot nicht zu einem unselbständigen Beweisverwertungsverbot führt. Dieser Aspekt stellt allerdings nur eines von mehreren Kriterien dar, die je nach Fallgestaltung dogmatisch vertreten werden und die bei den untenstehenden Fallgruppen (→ Rn. 208 ff.) im Einzelnen erläutert werden.

bb) Selbständig

Die sog. selbständigen Beweisverwertungsverbote betreffen Fälle, **205** in denen ein Beweismittel in der Vergangenheit zulässigerweise erhoben wurde, nun aber nicht mehr verwertet werden darf.

Beispiel eines selbständigen Beweisverwertungsverbots: Ist der Beschul- **206** digte bereits einschlägig vorbestraft, so kann dies grds. im Rahmen der Strafzumessung berücksichtigt werden. Aus **§ 51 I BZRG**[129] ergibt sich jedoch, dass bestimmte[130] frühere Verurteilungen, die im Bundeszentralregister stehen, „der betroffenen Person im Rechtsverkehr nicht mehr vorgehalten und nicht zu ihrem Nachteil verwertet werden". Hieraus ergibt sich etwa ein Verbot der strafschärfenden Berücksichtigung der früheren Verurteilung in der Strafzumessung in einem neuen Strafverfahren.[131] Ausnahmen zu § 51 BZRG sind in § 52 BZRG normiert.

---

[126] Vgl. zu den hiermit angedeuteten Ausnahmefällen Meyer-Goßner/Schmitt/*Schmitt*, § 81a StPO Rn. 13, 19; *Saliger*, ZJS 2008, 395 (396).

[127] Vgl. hierzu die Darstellung bei *Saliger*, ZJS 2008, 395 (396).

[128] Ebenso zur Blutprobenentnahme durch einen Nichtarzt *Goers*, in: BeckOK-StPO, § 81a Rn. 47.

[129] Vgl. *Hellmann*, Strafprozessrecht, Rn. 786.

[130] § 51 I BZRG gilt für Registereintragungen, die „getilgt worden oder [...] zu tilgen" sind. Die Vorschrift steht im Zusammenhang mit § 45 BZRG, wonach „Eintragungen über Verurteilungen [...] nach Ablauf einer bestimmten Frist getilgt" werden. Die Tilgungsfristen ergeben sich aus § 46 BZRG.

[131] *Bücherl*, in: BeckOK-StPO, § 51 BZRG Rn. 21.

Anhand dieses Beispiels lässt sich der Grund vieler selbständiger Beweisverwertungsverbote erläutern: Die Eintragung der Vorstrafe (also die Erhebung eines Beweismittels, das für die Strafzumessung in späteren Wiederholungsfällen bedeutsam sein kann) erfolgte seinerzeit ordnungsgemäß; nun – nach einem gewissen Zeitablauf – erklärt das Gesetz (§ 51 I BZRG), dass die frühere Vorstrafe für die Strafzumessung nicht mehr relevant sein darf.

207 Man kann sagen, dass der **Grund selbständiger Beweisverwertungsverbote** häufig darin besteht, dass zeitlich nach der damaligen Beweiserhebung ein Umstand eingetreten ist, der nun der Beweisverwertung entgegensteht. Dieser zeitliche Grund wird sich auch in den klausurrelevantesten Fällen selbständiger Beweisverwertungsverbote – bestimmte Konstellationen gem. § 252 StPO – zeigen (→ Rn. 213 ff.).

2. Fallgruppen selbständiger Beweisverwertungsverbote

208 **Vertiefung:** Eine der möglichen Konstellationen eines selbständigen Beweisverwertungsverbots kann sich aus möglichen Verletzungen des Allgemeinen Persönlichkeitsrechts aus Art. 2 I i.V.m. Art. 1 I GG ergeben, was insbesondere im Rahmen der sog. Tagebuchfälle[132] diskutiert wird. Da diese Fälle jedoch sehr komplex sind, eignen sie sich weniger für eine strafprozessuale Zusatzfrage.

209 Relevante Fallgruppen selbständiger Beweisverwertungsverbote sind:

a) § 100d II S. 1 StPO

210 § 100d II S. 1 StPO enthält ein ausdrückliches Verbot der Verwertung von Erkenntnissen aus dem Kernbereich privater Lebensgestaltung, die etwa im Zuge einer Telekommunikationsüberwachung (→ Rn. 132) entstanden sind. Demnach „unterliegen – auch trotz Beachtung der Schutzmaßnahmen auf der Erhebungsebene […] – angefallene Erkenntnisse aus dem Kernbereich privater Lebensgestaltung einem absoluten Verwertungsverbot“ (*Henrich/Weingast*).[133]

211 **Klausurtipp:** Da die Rechtsfolge der Unverwertbarkeit sich ausdrücklich aus dem Wortlaut von § 100d II S. 1 StPO ergibt, sind hier keine allgemeinen Rechtsprinzipien zusätzlich heranzuziehen.

---

[132] Vgl. hierzu *Beulke/Swoboda*, Strafprozessrecht, Rn. 724, 731 (mit weiteren Beispielen zu möglicher Unverwertbarkeit aufgrund des Allgemeinen Persönlichkeitsrechts).

[133] *Henrich/Weingast*, in: KK-StPO, § 100d Rn. 7.

b) § 51 I BZRG

→ Rn. 206. 212

Klausurtipp: Da die Rechtsfolge der Unverwertbarkeit sich ausdrücklich aus dem Wortlaut von § 51 I BZRG ergibt, sind hier keine allgemeinen Rechtsprinzipien zusätzlich heranzuziehen.

c) § 252 StPO

Der **Wortlaut** von § 252 StPO lautet: 213

„Die Aussage eines vor der Hauptverhandlung vernommenen Zeugen, der erst in der Hauptverhandlung von seinem Recht, das Zeugnis zu verweigern, Gebrauch macht, darf nicht verlesen werden."

Ausdrücklich normiert diese Vorschrift also ein Verlesungsverbot 214 („darf nicht verlesen werden"). Es ist jedoch **umstritten**, ob diese Regelung über ihren Wortlaut hinaus als weitergehendes Beweisverwertungsverbot zu verstehen ist, dass sich z.B. auch auf die Zeugenaussagen früherer Vernehmungspersonen erstreckt. Ein solches Verbot wäre ein selbständiges Beweisverwertungsverbot, da das entsprechendes Beweismittel (z.B. die Erkenntnis der Vernehmungsperson) ursprünglich rechtmäßig zustande gekommen ist.

§ 252 StPO betrifft allgemein folgende Konstellation: Eine Ver- 215 nehmungsperson (z.B. ein Staatsanwalt) vernimmt einen Zeugen im Ermittlungsverfahren. In der Hauptverhandlung macht der Zeuge von einem Zeugnisverweigerungsrecht Gebrauch. Da der Zeuge nun nichts mehr sagen wird und deshalb als Beweismittel ausscheidet, stellen sich die zwei Fragen, ob das Protokoll der damaligen Vernehmung in der Hauptverhandlung verlesen werden darf bzw. ob die Vernehmungsperson als Zeuge in der Hauptverhandlung vernommen werden darf. Die Antwort auf diese Frage beurteilt sich nach der Auslegung von § 252 StPO:

aa) Verlesungsverbot

Das in § 252 StPO ausdrücklich normierte Verlesungsverbot bezieht 216 sich etwa auf ein Protokoll einer früheren Vernehmung des betreffenden Zeugen.[134] Macht also ein Zeuge im Ermittlungsverfahren eine Aussage und beruft sich derselbe Zeuge anschließend in der Hauptverhandlung auf ein Zeugnisverweigerungsrecht, so darf das von der

---

[134] *Hellmann*, Strafprozessrecht, Rn. 786.

früheren Vernehmung angefertigte Protokoll in der Hauptverhandlung nicht verlesen werden.

bb) Allgemeines Verwertungsverbot?

217 Nach dem eben Gesagten stellt sich die Frage, ob § 252 StPO **über seinen Wortlaut hinaus** als allgemeines Verwertungsverbot ausgelegt werden kann. Beispielsweise kann sich die Frage stellen, ob es verboten ist, eine Vernehmungsperson zur vorherigen Aussage des zeugnisverweigerungsberechtigten Zeugen zu befragen. Zur Beantwortung dieser Frage wird regelmäßig danach unterschieden, ob im Ermittlungsverfahren entweder eine polizeiliche bzw. staatsanwaltschaftliche Vernehmung stattgefunden hat oder eine ermittlungsrichterliche Vernehmung:

(1) Polizeiliche und staatsanwaltschaftliche Vernehmungsperson

218 Zunächst zur Frage, ob ein Polizeibeamter oder ein Staatsanwalt in der Hauptverhandlung über den Inhalt der früheren polizeilichen bzw. staatsanwaltschaftlichen Vernehmung eines Zeugen aussagen darf, der nun von seinem Zeugnisverweigerungsrecht Gebrauch macht: In diesen Fällen wird § 252 StPO – über seinen Wortlaut hinaus – **in der Regel** nicht nur als Verlesungsverbot, sondern als allgemeines Verwertungsverbot angesehen.[135]

219 Diese Sichtweise hat grds. zur Konsequenz, dass die eben genannten Personen der Polizei oder der StA, die im Ermittlungsverfahren die Vernehmung eines Zeugen durchgeführt haben, in der Hauptverhandlung nicht über den Inhalt dieser Vernehmung vernommen werden dürfen, soweit der betreffende Zeuge nun von seinem Zeugnisverweigerungsrecht Gebrauch macht. **Begründen** lässt sich diese Sichtweise u.a. damit, dass § 252 StPO andernfalls grds. keinen eigenen Anwendungsbereich neben dem in § 250 StPO zum Ausdruck kommenden Verlesungsverbot hätte.

220 **Exkurs zu § 250 StPO:** § 250 StPO stellt gegenüber § 252 StPO eine allgemeinere Regelung dar. Nach § 250 StPO darf ein Zeugenbeweis nicht durch die Verlesung des über eine frühere Vernehmung aufgenommenen Protokolls oder einer Erklärung ersetzt werden. Der hiermit normierte **Vorrang des Zeugenbeweises vor dem Urkundenbeweis** lässt sich damit begründen, dass bei der Vernehmung eines Zeugen in der Hauptverhandlung die Möglichkeit besteht, dass die Verfahrensbeteiligten dem Zeugen Nachfragen stel-

---

[135] So etwa *Ellbogen*, in: MüKo-StPO, § 252 Rn. 42.

len und sich ein Bild von seiner Glaubwürdigkeit machen können.[136] **Ausnahmen** zum Verlesungsverbot gem. § 250 StPO sind u.a. in § 251 StPO normiert: Danach ist eine Verlesung eines Vernehmungsprotokolls etwa zulässig, wenn der betreffende Zeuge verstorben ist (§ 251 I Nr. 3 StPO).

Bis hierhin ist also festzuhalten, dass § 252 StPO bei nichtrichterlichen Vernehmungspersonen in der Regel als allgemeines Verwertungsverbot angesehen wird. **Umstritten** ist jedoch, ob eine **Ausnahme** von diesem Grundsatz gelten soll, wenn der zeugnisverweigerungsberechtigte Zeuge damit einverstanden ist, dass die Vernehmungsperson in der Hauptverhandlung über den Inhalt der früheren Zeugenvernehmung vernommen wird.[137] Für die Annahme einer solchen Ausnahme lassen sich praktische Schutzbedürfnisse anführen: So sind (z.B. in Sexualstrafverfahren oder beim Tatvorwurf der Körperverletzung) Konstellationen denkbar, in denen der zeugnisverweigerungsberechtigte Zeuge keine Einwände gegen eine Belastung des Beschuldigten hat, jedoch aus persönlichen Gründen keine eigene Aussage in der Hauptverhandlung tätigen will.[138] Beispielsweise hat die Rspr. im Hinblick auf polizeiliche Vernehmungen festgestellt, dass ein zur Zeugnisverweigerung berechtigter Zeuge die Verwertung einer in einer solchen Vernehmung getätigten Aussage gestatten kann, wenn er zuvor über die Folgen des Verzichts ausdrücklich belehrt worden ist.[139] 221

(2) Ermittlungsrichterliche Vernehmungsperson

Eine ermittlungsrichterliche Vernehmung eines Zeugen im Vorverfahren entspricht insoweit einer Zeugenvernehmung in der Hauptverhandlung, als in beiden Fällen eine richterliche Vernehmungsperson agiert. So gesehen könnte man (in gewisser Weise!) sagen, dass die Vernehmung der Hauptverhandlung faktisch in das Ermittlungsverfahren vorverlagert wird. Soweit der betreffende Zeuge bereits in diesem Verfahrensabschnitt zeugnisverweigerungsberechtigt war und trotzdem gegenüber dem Ermittlungsrichter ausgesagt hat, könnte man dem Zeugen die Schutzwürdigkeit absprechen, wenn er später in der Hauptverhandlung von seinem Zeugnisverweigerungsrecht Gebrauch macht. **Hieraus folgt:** Zwar darf sich der Zeuge in der Hauptverhandlung auf 222

---

[136] Andererseits lässt sich an der Regelung des § 250 StPO kritisieren, dass Zeugenbeweise nach einem längeren Zeitraum nicht unbedingt zuverlässiger sind als die Protokolle früherer Zeugenvernehmungen.

[137] Vgl. hierzu auch *Engländer*, Examens-Repetitorium Rn. 232 m.w.N.

[138] Vgl. zu einer ähnlichen Situation BGH JuS 2000, 302.

[139] BGH NStZ 2015, 232 m.w.N.

sein Zeugnisverweigerungsrecht berufen, jedoch kann er hierdurch (unter bestimmten und noch darzulegenden Voraussetzungen) nicht verhindern, dass der Ermittlungsrichter in der Hauptverhandlung über die frühere Aussage des Zeugen vernommen wird. **Mit anderen Worten:** Soweit besondere Voraussetzungen vorliegen, wird § 252 StPO bei ermittlungsrichterlichen Vernehmungspersonen als bloßes Verlesungsverbot ausgelegt.

223 Eine Vernehmung der ermittlungsrichterlichen Vernehmungsperson in der Hauptverhandlung über den Inhalt der früheren Zeugenvernehmung ist aber nur dann zulässig, wenn von dem Zeugnisverweigerungsrecht bereits im Ermittlungsverfahren effektiv Gebrauch gemacht werden konnte. Dies bedeutet, dass eine Vernehmung des Ermittlungsrichters in der Hauptverhandlung über den Inhalt der früheren Zeugenvernehmung nur unter den folgenden **kumulativen Voraussetzungen** zulässig sein kann:

– Die Vernehmung, die im Ermittlungsverfahren stattgefunden hat, war eine Zeugenvernehmung und nicht etwa eine Vernehmung eines Mitbeschuldigten,[140] der erst später den Status eines Zeugen erhalten hat.
– Der Zeuge war bereits im Zeitpunkt der damaligen Vernehmung Inhaber des betreffenden Zeugnisverweigerungsrechts, denn nur dann kann die Aussage freiwillig gewesen sein.[141] Diese Voraussetzung wäre bspw. dann nicht gegeben, wenn der Zeuge und der Beschuldigte sich erst nach der damaligen Vernehmung verlobt haben (§ 52 I Nr. 1 StPO).
– Der Zeuge wurde von dem Ermittlungsrichter über das Zeugnisverweigerungsrecht belehrt.[142]

224 Soweit alle drei genannten Voraussetzungen gegeben sind, ist also folgende Annahme gut vertretbar: Ein Ermittlungsrichter darf in der Hauptverhandlung über den Inhalt einer früheren ermittlungsrichterlichen Vernehmung eines solchen Zeugen aussagen, der nun von einem Zeugnisverweigerungsrecht Gebrauch macht. Es gilt in diesen Fällen also nur das im Wortlaut von § 252 StPO zum Ausdruck kommende Verlesungsverbot.

3. Fallgruppen unselbständiger Beweisverwertungsverbote

225 Nach dem oben (→ Rn. 204) Gesagten *kann* aus einem Verstoß gegen ein Beweisverwertungsverbot ein unselbständiges Beweisverwer-

---

[140] BGH NJW 1997, 1790 (1792).
[141] Vgl. *Ellbogen*, in: MüKo-StPO, § 252 Rn. 52.
[142] BGH NJW 1997, 1790 (1792); BGH NJW 1984, 621.

tungsverbot folgen. Die Frage, ob eine solche Folge anzunehmen ist, ergibt sich je nach Fallgruppe entweder aus dem Gesetz (z.B. § 136a III S. 2 StPO) oder aus allgemeinen Rechtsprinzipien:

a) Verbotene Vernehmungsmethoden (§ 136a III S. 2 StPO)

§ 136a III S. 2 StPO bildet einen der klausurrelevantesten Fälle eines geschriebenen unselbständigen Beweisverwertungsverbots. 226

aa) Beschuldigtenvernehmung

(1) Überblick

Die Vorschrift gilt unmittelbar für Beschuldigtenvernehmungen[143] 227 (→ Rn. 58 ff., 134 ff.) und knüpft an das in § 136a I, II StPO normierte Verbot bestimmter Vernehmungsmethoden. Nach § 136a III S. 2 StPO dürfen „Aussagen, die unter Verletzung dieses Verbots zustande gekommen sind, […] auch dann nicht verwertet werden, wenn der Beschuldigte der Verwertung zustimmt".

Klausurtipp: Da § 136a III S. 2 StPO an einen Verstoß gegen 228 § 136a I, II StPO anknüpft, normiert jene Vorschrift ein unselbständiges Beweisverwertungsverbot. Demnach kann man den gewöhnlichen zweistufigen **Prüfungsaufbau** unselbständiger Beweisverwertungsverbote anwenden:

1. Liegt ein Verstoß gegen ein Beweiserhebungsverbot vor? Hier wäre zu prüfen, ob eine der verbotenen Vernehmungsmethoden i.S.d. § 136a I, II StPO gegeben ist (→ Rn. 229).

2. Folgt aus dem Verstoß gegen das Beweiserhebungsverbot ein unselbständiges Beweisverwertungsverbot? Diese Frage kann ohne nähere Umschweife bejaht werden, da § 136a III S. 2 StPO als Fall eines ausdrücklichen unselbständigen Beweisverwertungsverbots gerade normiert, dass im Fall eines Verstoßes gegen § 136a I, II StPO ausnahmslos ein Beweisverwertungsverbot anzunehmen ist.

Da der zweite Prüfungspunkt schlicht zu bejahen ist, können Sie in der Klausur die **Prüfung auch wie folgt formulieren**: „Fraglich ist, ob ein Beweisverwertungsverbot gegeben ist. In Betracht kommt ein unselbständiges Beweisverwertungsverbot gem. § 136a III S. 2

---

[143] Dies ergibt sich u.a. aus der gesetzlichen Überschrift des betreffenden Abschnitts (10. Abschnitt des 1. Buchs der StPO).

StPO. Dies setzt einen Verstoß gegen § 136a I, II StPO voraus." Es folgt sodann die Prüfung der Voraussetzungen dieser Vorschrift.

(2) Vernehmungsmethoden

229 Das Beweisverwertungsverbot gem. § 136a III S. 2 StPO gilt nach dem Gesagten immer dann, wenn ein Verstoß gegen § 136a I, II StPO gegeben ist. Dies setzt voraus, dass eine Beschuldigtenvernehmung (→ Rn. 58 ff., 134 ff.) unter Verstoß gegen eine der in § 136a I, II StPO genannten Vernehmungsmethoden vorgenommen wurde. So verbietet § 136a I S. 1 StPO etwa die „Mißhandlung" (z.B. das Verprügeln) und die Quälerei (z.B. eine Scheinhinrichtung). Aus diesem systematischen Zusammenhang ergibt sich, dass die in § 136a I S. 1 StPO genannten anderen Fälle (z.B. „Ermüdung") einen ähnlich hohen Erheblichkeitsgrad aufweisen müssen. Die ebenfalls genannte „Täuschung" ist von der zulässigen kriminalistischen List abzugrenzen: So sind etwa Fangfragen erlaubt.[144]

230 **Klausurtipp:** Da Sie bei der Prüfung des Vorliegens eines Beweisverwertungsverbots gem. § 136a III S. 2 StPO das Vorliegen einer Beschuldigtenvernehmung zu prüfen haben, kann hier inzident der Meinungsstreit zwischen dem funktionalen bzw. materiellen Vernehmungsbegriff einerseits und dem formellen Vernehmungsbegriff andererseits zum Tragen kommen (→ Rn. 180 ff.).

(3) Normadressaten

231 § 136a StPO gilt unmittelbar nur für bestimmte richterliche Beschuldigtenvernehmungen. Bei staatsanwaltschaftlichen und polizeilichen Beschuldigtenvernehmungen im Ermittlungsverfahren wird § 136a StPO über § 163a III S. 2 bzw. IV S. 2 StPO gesondert für anwendbar erklärt. Beim eigenmächtigen Einsatz privater Personen findet § 136a StPO keine unmittelbare Anwendung (→ Rn. 233).

bb) Zeugenvernehmung

232 Gem. § 69 III StPO findet § 136a StPO für die Vernehmung von Zeugen entsprechende Anwendung. Damit gelten die obigen Ausführungen zum Beweisverwertungsverbot bei verbotenen Vernehmungsmethoden (→ Rn. 226 ff.) auch bei Zeugenvernehmungen.

---

[144] *Diemer*, in: KK-StPO, § 136a Rn. 20.

cc) Einsatz Privater

Ein besonderes Problem ergibt sich, wenn Private auf eigene Faust ermitteln und bei Befragungen zu den in § 136a I StPO genannten Methoden (z.B. Quälerei) greifen. In unmittelbarer Anwendung gilt § 136a StPO (auch in Verbindung mit § 69 III StPO) nur für Vernehmungen durch staatliche Strafverfolgungsbehörden (→ Rn. 231). Allerdings stellt sich die Frage, ob § 136a III S. 2 StPO beim eigenmächtigen Einsatz Privater analoge Anwendung finden kann.[145] Hiergegen könnte angeführt werden, dass die staatlichen Strafverfolgungsbehörden mit rechtlichen und tatsächlichen Möglichkeiten ausgestattet sind, die mit den einem Privaten zur Verfügungen stehenden Mitteln kaum vergleichbar sind. Andererseits erscheinen Beschuldigte und Zeugen als schutzwürdig, wenn sie eine Aussage unter Folterandrohung tätigen. Im Ergebnis dürften beide Ansichten vertretbar sein. **233**

b) Belehrungsfehler

Sofern gegen Belehrungspflichten verstoßen wird, kann dies zu einem unselbständigen Beweisverwertungsverbot führen. **234**

Klausurtipp: Hier bietet sich wieder der **zweistufige Prüfungsaufbau** (→ Rn. 204) unselbständiger Beweisverwertungsverbote an, der allgemein aus den folgenden Prüfungspunkten besteht: **235**

1. Liegt ein Verstoß gegen ein Beweiserhebungsverbot vor?
2. Folgt aus dem Verstoß gegen das Beweiserhebungsverbot ein unselbständiges Beweisverwertungsverbot?

Bei in Betracht kommenden Belehrungsfehlern bietet es sich an, die genannten Prüfungspunkte wie folgt zu konkretisieren:

1. Liegt ein Verstoß gegen eine Belehrungspflicht vor?
2. Folgt aus dem Verstoß gegen die Belehrungspflicht ein unselbständiges Beweisverwertungsverbot?

Klausurrelevante Fälle von Belehrungsfehlern, die zu einem unselbständigen Beweisverwertungsverbot führen *können*, findet man sowohl bei Beschuldigtenvernehmungen (§ 136 I S. 2 StPO) als auch bei Zeugenvernehmungen (§ 52 III S. 1 StPO und § 55 II StPO): **236**

---

[145] Vgl. den Übungsfall bei *Steinberg/Mathieu/Horn*, ZJS 2012, 365 (368).

aa) Beschuldigtenvernehmung

(1) Verstoß gegen Belehrungspflicht gem. § 136 I S. 2 StPO

237 Nach § 136 I S. 2 StPO ist ein Beschuldigter bei einer Vernehmung über sein Schweigerecht zu belehren. Zur Anwendbarkeit dieser Vorschrift in den verschiedenen Verfahrensabschnitten und auf verschiedene Vernehmungspersonen sowie zu den entsprechenden Verweisungsvorschriften → Rn. 135.

238 **Klausurtipp:** Kommt ein unselbständiges Beweisverwertungsverbot wegen Verstoßes gegen § 136 I S. 2 StPO (ggf. i.V.m. Verweisungsvorschriften) in Betracht, so ist entsprechend dem zweistufigen Prüfungsaufbau wie folgt zu prüfen:

1. Liegt ein Verstoß gegen die Belehrungspflicht gem. § 136 I S. 2 StPO (ggf. i.V.m. Verweisungsvorschriften) vor? Zu prüfen ist also, ob die entsprechende Belehrungspflicht bestand (→ Rn. 173 ff.) und ob hiergegen verstoßen wurde. Letzteres ist der Fall, wenn die geforderte Belehrung nicht oder nicht richtig erfolgte. Bei der Frage, ob eine Belehrungspflicht besteht, müssen in der Klausur ggf. die Anforderungen an den Vernehmungsbegriff (→ Rn. 180 ff.) und an die Beschuldigteneigenschaft (→ Rn. 58 ff.) diskutiert werden. Soweit keine Belehrungspflicht bzw. kein Belehrungsfehler festgestellt wurde, endet die Prüfung an dieser Stelle. Andernfalls geht sie mit dem folgenden zweiten Prüfungspunkt weiter.

2. Folgt aus dem Verstoß gegen die Belehrungspflicht gem. § 136 I S. 2 StPO (ggf. i.V.m. Verweisungsvorschriften) ein unselbständiges Beweisverwertungsverbot? Dies ist zwar nicht explizit gesetzlich normiert, lässt sich jedoch mit der überwiegenden Ansicht **grundsätzlich** bejahen,[146] da die Feststellung eines solchen Verstoßes zugleich die Feststellung einer Verletzung des Prinzips der Selbstbelastungsfreiheit beinhaltet. Eine solche Verletzung des nemo-tenetur-Prinzips wiegt vergleichsweise schwer. Von dem eben genannten Grundsatz gibt es jedoch **Ausnahmen**, die im Folgenden darzustellen sind.

239 Es lässt sich bis hierhin als Zwischenergebnis festhalten, dass ein Verstoß gegen die Pflicht, den Beschuldigten gem. § 136 I S. 2 StPO

---

[146] *Engländer*, Examens-Repetitorium, Rn. 261; vgl. zur polizeilichen Beschuldigtenvernehmung (§ 136 I S. 2 i.V.m. § 163a IV S. 2 StPO): BGH NJW 1992, 1463; vgl. in diesem Kontext auch BGH NJW 1997, 2893.

(ggf. i.V.m. Verweisungsvorschriften) zu belehren, ein Beweisverwertungsverbot begründet. Hiervon werden nach der Rspr. in zwei alternativen Fällen **Ausnahmen** gemacht:

– Die erste Ausnahme betrifft den Fall, dass der Beschuldigte sein Schweigerecht ohne Belehrung **kannte**.[147] Diese Fallgruppe wird in der Literatur durchaus geteilt.[148] Für eine solche Ausnahme von der Annahme eines Beweisverwertungsverbots lässt sich in der Tat anführen, dass die Schutzfunktion der Belehrung bereits anderweitig erfüllt wurde. **240**

– Die zweite Ausnahme betrifft den Fall, dass „der verteidigte Angeklagte in der Hauptverhandlung ausdrücklich der Verwertung zugestimmt oder ihr nicht bis zu dem in § 257 StPO genannten Zeitpunkt widersprochen hat. Dem verteidigten Angeklagten steht ein Angeklagter gleich, der vom Vorsitzenden über die Möglichkeit des Widerspruchs unterrichtet worden ist".[149] Das hiermit eingeführte Widerspruchserfordernis wird in der strafprozessualen Dogmatik als sog. **Widerspruchslösung** bezeichnet. **241**

Klausurtipp: Die Widerspruchslösung wird in der Literatur kritisiert. So lässt sich etwa einwenden, dass die Widerspruchslösung in der Fallgruppe des verteidigten Angeklagten quasi zu einem Outsourcing der Verantwortlichkeit führt: Dem Verteidiger wird die Verantwortung übertragen, mögliche staatliche Verstöße gegen Belehrungspflichten zu erkennen und hiergegen Widerspruch zu erheben.[150] Gleichwohl bietet es sich an, sofern in der Klausur nach dem erforderlichen Verhalten des Verteidigers des Beschuldigten gefragt wird, „auf Nummer sicher zu gehen" und im Fall eines festgestellten Belehrungsfehlers einen Widerspruch in Betracht zu ziehen. **242**

Exkurs zur Widerspruchslösung: Neben der hier vorgestellten Fallgruppe der Belehrungsfehler wird die Widerspruchslösung von **243**

---

[147] Zur polizeilichen Beschuldigtenvernehmung (§ 136 I S. 2 i.V.m. § 163a IV S. 2 StPO): BGH NJW 1992, 1463.

[148] *Monka*, in: BeckOK-StPO, § 136 Rn. 24.

[149] So zur polizeilichen Beschuldigtenvernehmung (§ 136 I S. 2 i.V.m. § 163a IV S. 2 StPO): BGH NJW 1992, 1463.

[150] Zu dieser Kritik *Saliger* ZJS 2008, 395 (399).

der Rspr. auch bei bestimmten anderen Verstößen gegen Beweiserhebungsverbote angewendet, z.B. im Rahmen des § 81a StPO[151] (→ Rn. 139 ff.).

244 Nach der Rspr. sind allerdings Beweisverwertungsverbote im Ermittlungsverfahren stets von Amts wegen zu beachten, also unabhängig vom Vorliegen eines Widerspruchs vonseiten des Beschuldigten.[152]

(2) Sonderproblem: Verdeckte Ermittler und ähnliche Konstellationen

245 Soweit ein **Verdeckter Ermittler** (→ Rn. 173) ohne Offenlegung seiner wahren Identität und ohne Belehrung über ein Schweigerecht den Beschuldigten zum Tatvorwurf befragt, ist **umstritten, ob** es sich hierbei um eine **Beschuldigtenvernehmung** handelt (zu den Details s. oben Fall 4 → Rn. 183). Soweit man dies mit dem **funktionalen bzw. materiellen Vernehmungsbegriff** (→ Rn. 180 ff.) bejaht, liegt bei unterlassener Belehrung ein Verstoß gegen § 136 I S. 2 i.V.m. § 163a IV StPO vor; für die Frage der Verwertbarkeit einer hierdurch erlangten Aussage gelten die üblichen Grundsätze (→ Rn. 234 ff.). Legt man hingegen den **formellen Vernehmungsbegriff** zugrunde, so begründet das (ohne Belehrung erfolgende) Gespräch zwischen einem Verdeckten Ermittler und einem Beschuldigten keinen Verstoß gegen § 136 I S. 2 i.V.m. § 163a IV StPO. Es stellt sich dann aber die Frage, ob sich ein Beweisverwertungsverbot anderweitig begründen lässt. Dies soll im folgenden Fall verdeutlicht werden:

246 **Fall 8 (Verdeckter Ermittler und Verwertung)**[153]

B wird von der StA beschuldigt, einen Juwelier überfallen zu haben. Um den B zu überführen, wird der Verdeckte Ermittler P eingeschaltet. Ohne Offenlegung seines wahren Berufs nimmt P Kontakt mit B auf.[154] P spricht den B eines Tages auf den Tatvorwurf an, ohne den B über ein Schweigerecht zu belehren. Daraufhin schildert B dem P den Tathergang. Zuvor hat sich B gegenüber den Strafverfolgungsbehörden nicht auf sein Schweigerecht berufen. In der späteren Hauptverhandlung schweigt B zum Tathergang. Das Gericht fragt sich nun, ob hinsichtlich einer Aussage des P über den Inhalt des Gesprächs mit B über den möglichen Tathergang ein Beweisverwertungsverbot besteht.

---

[151] So z.B. OLG Hamm NStZ-RR 2009, 386.

[152] BGH NJW 2019, 2627.

[153] Ein ähnlicher Fall findet sich auch bei *Engländer*, Examens-Repetitorium, Fall 50a (Rn. 251).

[154] Bis hierhin entspricht der Sachverhalt Fall 4 (→ Rn. 183).

Kurzgutachten: Zu prüfen ist, ob ein Beweisverwertungsverbot hinsichtlich einer Aussage des P über den Inhalt der von B erlangten Aussage besteht.

1. Beweisverwertungsverbot wegen Verstoßes gegen § 136 I S. 2 i.V.m. § 163a IV StPO:

Ein Beweisverwertungsverbot kommt wegen Verstoßes gegen § 136 I S. 2 i.V.m. § 163a IV StPO in Betracht. Dies wäre dann der Fall, wenn P den B bei der damaligen Befragung hätte belehren müssen. *(Zu den Details s. oben Fall 4 [→ Rn. 183]. Nach dem funktionalen bzw. materiellen Vernehmungsbegriff liegt ein solcher Verstoß vor, sodass sich hieran die Prüfung eines unselbständigen Beweisverwertungsverbots anschließt [→ Rn. 204]. Folgt man hingegen dem formellen Vernehmungsbegriff [→ Rn. 183], so scheidet ein solches unselbständiges Beweisverwertungsverbot von vornherein mangels Verstoßes gegen § 136 I S. 2 i.V.m. § 163a IV StPO aus. In diesem Fall geht die Prüfung aber wie folgt weiter.)*

2. Beweisverwertungsverbot wegen Verstoßes gegen das nemo-tenetur-Prinzip:[155]

Unter Zugrundelegung des formellen Vernehmungsbegriffs[156] kommt ein Verwertungsverbot wegen Verstoßes gegen das nemo-tenetur-Prinzip jedenfalls dann in Betracht, wenn der Beschuldigte sich zuvor auf sein Schweigerecht berufen hat.[157] Hierfür spricht, dass in diesem Fall ein Recht gezielt umgangen wird, von dem zu-

[155] Es ist zuzugeben, dass diese Überschrift etwas aus dem Rahmen der sonstigen Prüfung unselbständiger Beweisverwertungsverbote fällt. Eigentlich müsste man davon ausgehen, dass für eine gesonderte Prüfung des nemo-tenetur-Prinzips kein Raum ist, da die gesetzliche Ausprägung dieses Prinzips (nämlich § 136 StPO) bereits geprüft wurde. Es ist aber zu berücksichtigen, dass der – gut vertretbare – formelle Vernehmungsbegriff andernfalls dazu führen würde, dass der Einsatz Verdeckter Ermittler stets und ohne Ausnahme zu verwertbaren Aussagen führen würde; zur Vermeidung eines solchen Ergebnisses hat die Rspr. eine differenzierte Lösung entwickelt.

[156] Der funktionelle bzw. materielle Vernehmungsbegriff ist aber ebenso gut vertretbar.

[157] So schreibt der BGH: „Ein Verdeckter Ermittler darf einen Beschuldigten, der sich auf sein Schweigerecht berufen hat, nicht unter Ausnutzung eines geschaffenen Vertrauensverhältnisses beharrlich zu einer Aussage drängen und ihm in einer vernehmungsähnlichen Befragung Äußerungen zum Tatgeschehen entlocken. Eine solche Beweisgewinnung verstößt gegen den Grundsatz, dass niemand verpflichtet ist, sich selbst zu belasten, und hat regelmäßig ein Beweisverwertungsverbot zur Folge." (BGH NJW 2007, 3138).

vor bereits Gebrauch gemacht worden ist. Im vorliegenden Fall hatte sich B gegenüber den Strafverfolgungsbehörden aber nicht zuvor auf sein Schweigerecht berufen.[158] Ein Verstoß gegen das nemo-tenetur-Prinzip scheidet daher aus, sodass ein entsprechendes Beweisverwertungsverbot abzulehnen ist.[159]

3. Ergebnis

Ein Beweisverwertungsverbot scheidet aus.

247 Die zuvor genannten Grundsätze dürften auch beim Einsatz sogenannter **V-Personen** (→ Rn. 173) gelten.

248 Eine Besonderheit gilt bei Aussagen, die ein **in Untersuchungshaft befindlicher Beschuldigter** gegenüber Privatpersonen tätigt; in diesen Fällen ist zu berücksichtigen, dass sich der Beschuldigte der U-Haft-Situation an sich nicht entziehen kann und deshalb besonders schutzwürdig ist. So führt der BGH hierzu aus: „Der von der Untersuchungshaft ausgehende Zwang […] darf nicht dazu mißbraucht werden, die Aussage eines Beschuldigten zu beeinflussen, ihn insbesondere zu veranlassen, von seinem Schweigerecht keinen Gebrauch zu machen."[160] Wird eine Privatperson in dieser Situation gezielt auf den Beschuldigten angesetzt und erlangt hierdurch eine belastende Aussage, so spricht vieles für die Annahme eines Beweisverwertungsverbots wegen Verstoßes gegen das nemo-tenetur-Prinzip.[161]

(3) Sonderproblem: Qualifizierte Belehrung

249 Ein unselbständiges Beweisverwertungsverbot kommt auch in Betracht, wenn eine Aussage unter Verstoß gegen die Grundsätze der qualifizierten Belehrung (→ Rn. 187) zustande kommt.

---

[158] Vgl. in diesem Kontext auch BGH NStZ 2011, 596 (Leitsatz der Schriftleitung): „Veranlasst eine Privatperson unter Verheimlichung ihres Ermittlungsinteresses den auf freiem Fuß befindlichen Beschuldigten, mit ihr ein Gespräch über die Tat zu führen, so verstößt die Verwertung technischer Aufzeichnungen über selbstbelastende Gesprächsangaben des Beschuldigten weder gegen den nemo-tenetur-Grundsatz noch gegen die Regelungen der §§ 163a IV, 136, 136a StPO".

[159] Soweit demgegenüber ein Fall eines Verstoßes gegen das nemo-tenetur-Prinzip anzunehmen wäre, könnte hieraus direkt ein Beweisverwertungsverbot abgeleitet werden.

[160] BGH NStZ 1999, 147 (149).

[161] Vgl. hierzu auch *Engländer*, Examens-Repetitorium, Fall 51d (Rn. 251).

bb) Zeugenvernehmung

Die Frage, ob ein Beweisverwertungsverbot gegeben ist, kann sich auch stellen, wenn bei der Vernehmung eines Zeugen ein Belehrungsfehler unterläuft. 250

(1) Zeugnisverweigerungsrecht gem. § 52 StPO

Soweit einem Zeuge ein Zeugnisverweigerungsrecht gem. § 52 I StPO zusteht (→ Rn. 83 ff.), ist er hierüber zu belehren (§ 52 III S. 1 StPO) (→ Rn. 191 f.). Unterbleibt diese Belehrung und sagt der betreffende Zeuge deshalb im Strafverfahren aus, so stellt sich die Frage, ob die entsprechende Aussage verwertbar ist. In diesen Fällen bietet es sich an, darauf abzustellen, wer durch das Zeugnisverweigerungsrecht gem. § 52 I StPO geschützt werden soll – also darauf, welchen **Rechtskreis** die verletzte Vorschrift schützen soll.[162] In dieser Hinsicht wird in der Literatur betont, dass letztlich auch der Beschuldigte betroffen sein kann, wenn ein rechtsunkundiger Zeuge nicht gem. § 52 III S. 1 StPO belehrt wird und deshalb aussagt.[163] Dem ist zumindest mit der Maßgabe zuzustimmen, dass der betreffende Zeuge im Fall einer Belehrung möglicherweise nicht in Bezug auf den Beschuldigten ausgesagt hätte. In der Konsequenz ist die Annahme durchaus vertretbar, dass ein Verstoß gegen die Belehrungspflicht des § 52 III S. 1 StPO die Unverwertbarkeit der betreffenden Aussage des rechtsunkundigen Zeugen in dem Strafverfahren gegen den Beschuldigten begründet. 251

(2) Auskunftsverweigerungsrecht gem. § 55 StPO

Auch im Fall des Vorliegens eines Auskunftsverweigerungsrechts des Zeugen gem. § 55 I StPO (→ Rn. 92) besteht eine Belehrungspflicht (§ 55 II StPO) (→ Rn. 193). Unterbleibt eine solche Belehrung, so ist umstritten, ob eine Aussage des Zeugen, die unter Verstoß gegen die Belehrungspflicht zustande gekommen ist, verwertbar ist. Stellt man hier auf den **Rechtskreis** ab, so lässt sich vertreten, dass allein der Zeuge davor geschützt werden soll, sich selbst oder einen der in § 52 I StPO bezeichneten Angehörigen (s. Wortlaut von § 55 I StPO!) zu belasten. Nach einer solchen Sichtweise wäre der Beschuldigte grds. nicht durch § 55 I StPO geschützt. So hat auch der BGH festgestellt, dass der Beschuldigte sich nicht auf einen Rechtsfehler berufen kann, wenn das Gericht „einen Zeugen entgegen der Vorschrift des § 55 Abs. 2 StPO nicht über sein Auskunftsverweigerungsrecht belehrt 252

---

[162] So z.B. bei *Bader*, in: KK-StPO, § 52 Rn. 46; vgl. aber auch *Paul*, NStZ 2013, 489 (490) m.w.N.

[163] *Bader*, in: KK-StPO, § 52 Rn. 46.

hat".[164] Andererseits lässt sich aber auch gut vertreten, dass der Beschuldigte in jedem Fall ein Recht hat, nicht durch einen solchen Zeugen unzutreffend belastet zu werden, der sich selbst oder eine nahestehende dritte Person (Angehörigen) schützen will. Im Ergebnis erscheint daher auch die Annahme eines Beweisverwertungsverbots bei Verstoß gegen die Belehrungspflicht gem. § 55 II StPO vertretbar.

253 **Exkurs:** In jedem Fall ist zu bedenken, dass sich die Vorzeichen ändern, wenn die Frage im Raum steht, ob eine Zeugenaussage, die unter Verstoß gegen die Belehrungspflicht gem. § 55 II StPO zustande gekommen ist, in einem neuen Strafverfahren gegen den ehemaligen Zeugen (= neuen Beschuldigten) verwertet werden darf.[165] In diesen Fällen spricht viel dafür, die Frage des Vorliegens eines Beweisverwertungsverbots analog zu den Fällen des § 136 StPO zu behandeln (→ Rn. 237 ff.).

c) Weitere unzulässige Ermittlungsmaßnahmen

254 Hierunter werden solche Fälle verstanden, die weder eine unzulässige Vernehmungsmethode gem. § 136a StPO (→ Rn. 225 ff.) noch einen Belehrungsfehler (→ Rn. 173 ff.) darstellen.

255 **Klausurtipp:** Auch jenseits der Fälle der verbotenen Vernehmungsmethoden und der Belehrungsfehler bietet sich bei der Frage des Vorliegens eines unselbständigen Beweisverwertungsverbots der übliche zweistufige Prüfungsaufbau an:

1. Liegt ein Verstoß gegen ein Beweiserhebungsverbot vor?
2. Folgt aus dem Verstoß gegen das Beweiserhebungsverbot ein unselbständiges Beweisverwertungsverbot?

Den ersten Prüfungspunkt (Verstoß gegen ein Beweiserhebungsvorbot?) können Sie wie folgt einleiten: „Zu prüfen ist das Vorliegen eines Verstoßes gegen ein Beweiserhebungsverbot. Ein solcher Verstoß scheidet jedoch von vornherein aus, wenn die betreffende Ermittlungsmaßnahme zulässig (rechtmäßig) war." An diese Feststellung kann sich die übliche dreistufige Prüfung der Rechtmäßigkeit einer Ermittlungsmaßnahme anschließen (→ Rn. 113f.). Nur soweit Sie hier feststellen, dass die Ermittlungsmaßnahme rechtswidrig war, gelangen sie zu dem Prüfungspunkt, ob aus diesem

[164] BGH NJW 1958, 557.
[165] Vgl. hierzu *Engländer*, Examens-Repetitorium, Rn. 259.

Verstoß gegen ein Beweiserhebungsverbot ein unselbständiges Beweisverwertungsverbot resultiert.

Im **Prüfungsaufbau** bedeutet dies:

1. Liegt ein Verstoß gegen ein Beweiserhebungsverbot vor?
   a) Ermächtigungsgrundlage
   b) Formelle Rechtmäßigkeit der Ermittlungsmaßnahme
   c) Materielle Rechtmäßigkeit der Ermittlungsmaßnahme
2. Folgt aus dem Verstoß gegen das Beweiserhebungsverbot ein unselbständiges Beweisverwertungsverbot?

Relevante Fälle sonstiger unzulässiger Ermittlungsmaßnahmen:

aa) Verstoß gegen § 81a I S. 2 StPO bei Blutprobenentnahme

Eine Blutentnahme ohne Einwilligung des Beschuldigten muss gem. 256 § 81a I S. 2 StPO durch einen Arzt vorgenommen werden. Wird hiergegen verstoßen (z.B., weil ein Krankenpfleger die Blutprobe entnimmt), so liegt wegen des Verstoßes gegen § 81a I S. 2 StPO eine unzulässige Ermittlungsmaßnahme und dementsprechend auch ein Verstoß gegen ein Beweiserhebungsverbot vor. Allerdings lässt sich gut vertreten, dass aus diesem Verstoß grds. kein unselbständiges Beweisverwertungsverbot resultiert.[166] Begründen lässt sich diese Sichtweise damit, dass die Schutzrichtung des in § 81a I S. 2 StPO normierten Arzterfordernisses – die Erhaltung der körperlichen Unversehrtheit des Betroffenen[167] – auch dann gewahrt ist, wenn ein Krankenpfleger etc. die Blutprobenentnahme vornimmt. Demgegenüber kommt ein Beweisverwertungsverbot in Betracht, wenn das Arzterfordernis gem. § 81a I S. 2 StPO von den Strafverfolgungsbehörden bewusst umgangen wird;[168] in diesen Fällen ist aber wiederum an die Widerspruchslösung (→ Rn. 241 ff.) zu denken.

bb) Verstoß gegen den Richtervorbehalt

Wird ein Beweismittel unter Verstoß gegen den Richtervorbehalt 257 (→ Rn. 18, 140) erlangt, stellt sich auch die Frage, ob hieraus ein unselbständiges Beweisverwertungsverbot resultiert:

---

[166] So auch *Goers*, in: BeckOK-StPO, § 81a Rn. 47; vgl. auch BGH NJW 1971, 1097.

[167] So auch *Engländer*, Examens-Repetitorium, Rn. 266.

[168] BGH NJW 1971, 1097 (1098).

Beispiel: Man denke etwa an den Fall, dass ein Gegenstand von der StA ohne Gefahr im Verzug (§ 98 I S. 1 Alt. 2 StPO → Rn. 150) beschlagnahmt wird (§ 94 II StPO), ohne dass eine nach § 98 I S. 1 Alt. 1 StPO notwendige ermittlungsrichterliche Anordnung vorliegt.

258 Ob die unzulässige Bejahung einer Gefahr im Verzug (Rn. 140, 156) die Unverwertbarkeit der in der Folge erlangten Beweismittel begründet, lässt sich nicht allgemein sagen.[169] So dürfte etwa bei einer Hausdurchsuchung (→ Rn. 152 ff.) ein Beweisverwertungsverbot in der Regel dann anzunehmen sein, wenn die StA und ihre Hilfsbeamten den Richtervorbehalt **bewusst bzw. willkürlich** umgehen.[170] Das Vorliegen dieser Voraussetzungen ist etwa dann naheliegend, wenn eine Hausdurchsuchung ohne Bemühen um eine richterliche Anordnung durchgeführt wird, obwohl die materiellen Voraussetzungen der Hausdurchsuchung bekanntermaßen bereits seit vielen Wochen bestanden.[171]

4. Sonderproblem: Fernwirkung von Beweisverwertungsverboten

259 Unterliegt ein Beweismittel einem Beweisverwertungsverbot, stellt sich die Frage, ob die infolge dieses Beweismittels gewonnenen weiteren Erkenntnisse und hierdurch erlangten Beweismittel gleichermaßen unverwertbar sind (sog. Fernwirkung von Beweisverwertungsverboten).

Beispiel: Der Beschuldigte G gesteht unter Folter die Tat und den Fundort der Tatwaffe. Daraufhin wird die Tatwaffe sichergestellt (§ 94 I StPO). Das Geständnis des G ist wegen eines Verstoßes gegen § 136a I S. 1 StPO unverwertbar (§ 136a III S. 2 StPO). Jedoch stellt sich die Frage, ob die (wegen der unter Folter erfolgten Aussage gefundene) Tatwaffe im Strafverfahren verwertbar ist.

260 Während insbesondere eine aus dem US-amerikanischen Rechtskreis stammende Auffassung – die sog. *fruit of the poisonous tree doctrine* – der Annahme einer Fernwirkung von Beweisverwertungsverboten zuneigt, lehnt die überwiegende Auffassung in Deutschland eine solche Wirkung ab.[172] Für die zuletzt genannte Sichtweise lässt sich argumentierten, dass ein einzelner Fehler andernfalls möglicher-

---

[169] Vgl. hierzu *Kühne*, Strafprozessrecht, Rn. 409.2 ff.

[170] BVerfG NJW 2006, 2684; BGHSt 51, 285; vgl. hierzu *Beulke/Swoboda*, Strafprozessrecht, Rn. 404.

[171] Vgl. BGHSt 51, 285 (293).

[172] S. zu diesen Auffassungen die Darstellung bei *Beulke/Swoboda*, Strafprozessrecht, Rn. 219.

weise das gesamte Strafverfahren lahmlegen würde – eine Rechtsfolge, die angesichts eventuell gegebener disziplinarrechtlicher Möglichkeiten gegenüber den Strafverfolgungsbehörden unnötig erscheint. Teilweise wird aber auch erwogen, eine Fernwirkung in Extremfällen (z.B. bei schweren Verstößen gegen § 136a StPO) anzunehmen.[173]

VI. Ist ein Strafverfahren einzuleiten bzw. fortzusetzen?

Die Frage, ob ein Strafverfahren einzuleiten bzw. fortzusetzen ist, hat verschiedene Dimensionen. Unter anderem geht es um die Frage, ob Verfahrenshindernisse bestehen, die dazu führen, dass in die inhaltliche Entscheidung über die Feststellung des Tatvorwurfs – also in das Strafverfahren – gar nicht eingestiegen werden darf. Darüber hinaus – und zugleich mit dem eben Gesagten zusammenhängend – geht es um die Frage, ob die einzelnen Strafverfolgungsbehörden (StA und Gericht) bestimmte Handlungen vornehmen dürfen, die das Strafverfahren in Gang setzen bzw. weiterführen. 261

1. Besteht ein Verfahrenshindernis?

a) Terminologie

Nach einer klassischen Umschreibung des BGH sind Verfahrensvoraussetzungen „Bedingungen für die Zulässigkeit […], in einem bestimmten Verfahren […] zu einem Sachurteil [also zu einer Verurteilung bzw. zu einem Freispruch[174]] in einer bestimmten Sache zu gelangen“.[175] Mit anderen Worten sind Verfahrensvoraussetzungen solche Bedingungen, bei deren Nichtvorliegen gar nicht in eine inhaltliche Entscheidung über das Vorliegen des Tatvorwurfs eingetreten werden darf. Ein Strafverfahren darf dann also gar nicht eröffnet werden. 262

Terminologie: Die Begriffe „Verfahrensvoraussetzung“ und „Prozessvoraussetzung“ werden hier ebenso synonym verwendet wie die Begriffe „Strafprozess“ und „Strafverfahren“. Soweit eine „Verfahrensvoraussetzung“ („Prozessvoraussetzung“) fehlt, besteht also ein „Verfahrenshindernis“ („Prozesshindernis“). 263

---

[173] So etwa *Kühne*, Strafprozessrecht, Rn. 912.1.
[174] *Beulke/Swoboda*, Strafprozessrecht, Rn. 426.
[175] BGH NJW 1957, 511.

b) Überblick

264 Die examensrelevantesten Prozessvoraussetzungen sind:[176]

- Verhandlungsfähigkeit des Beschuldigten (→ Rn. 274 f.).
- Örtliche Zuständigkeit des Gerichts (→ Rn. 276).
- Sachliche Zuständigkeit des Gerichts (→ Rn. 276).
- Nichtvorliegen entgegenstehender Rechtshängigkeit (→ Rn. 278).
- Nichtvorliegen entgegenstehender Rechtskraft (→ Rn. 279).
- Nichtvorliegen der Verjährung gem. §§ 78 ff. StGB.
- Vorliegen eines Strafantrags (§§ 77 ff. StGB) im Fall eines Antragserfordernisses.

265 **Exkurs zu den Antragsdelikten:** Soweit im materiellen Strafrecht (im Umfeld einer Strafvorschrift) kein Antragserfordernis normiert ist, handelt es sich bei der entsprechenden Strafvorschrift um ein sog. **Offizialdelikt**. Die Strafverfolgung ist dann also unabhängig vom Willen des Verletzten oder seiner Angehörigen allein Sache des Staates (**Offizialprinzip**). Ein Strafantrag i.S.d. §§ 77 ff. StGB ist in diesen Fällen nicht notwendig. Ein Bespiel für ein Offizialdelikt ist der Straftatbestand des Totschlags (§ 212 StGB).

Demgegenüber ist die Strafverfolgung bei sog. **Antragsdelikten** grds. nur dann möglich, wenn der Verletzte oder eine andere antragsberechtigte Person (z.B. der Ehegatte) einen Strafantrag i.S.d. § 77 I StGB gestellt hat. Dabei sind **absolute** (bzw. reine) **Antragsdelikte** und **relative Antragsdelikte** zu unterscheiden. Bei ersteren hängt die Strafverfolgung ausnahmslos vom Vorliegen eines Strafantrags ab; man erkennt absolute Antragsdelikte daran, dass im Gesetz normiert ist, dass die Tat „nur auf Antrag verfolgt" wird (z.B. § 123 II StGB). Demgegenüber ist eine Strafverfolgung bei relativen Antragsdelikten ausnahmsweise auch dann zulässig, wenn zwar kein Strafantrag vorliegt, die Strafverfolgung aber im öffentlichen Interesse liegt. Man erkennt relative Antragsdelikte daran, dass im Gesetz normiert ist, dass die Tat „nur auf Antrag verfolgt [wird], es sei denn, dass die Strafverfolgungsbehörde wegen des besonderen öffentlichen Interesses an der Strafverfolgung ein Einschreiten von Amts wegen für geboten hält" (z.B. § 230 StGB); ein solches öffentliches Interesse kann sich etwa aus einem großen Schaden ergeben. Ob es sich bei einem Delikt um ein (absolutes bzw. relatives) Antragsdelikt handelt, ist entweder in der jeweiligen

---

[176] Vgl. hierzu auch *Roxin/Schünemann*, Strafverfahrensrecht, § 21 Rn. 1; *Hellmann*, Strafprozessrecht, Rn. 42; *Beulke/Swoboda*, Strafprozessrecht, Rn. 427 ff.

Strafvorschrift (z.B. § 123 II StGB bzgl. der Strafvorschrift des Hausfriedensbruchs gem. § 123 I StGB) geregelt oder in ihrem Umkreis (z.B. § 303c StGB bzgl. der Strafvorschrift der Sachbeschädigung gem. § 303 StGB).

Exkurs zur Strafanzeige: Von einem Strafantrag im eben genannten Sinne ist eine bloße Strafanzeige i.S.d. § 158 I S. 1 Alt. 1 StPO zu unterscheiden. Hierbei handelt es sich um die bloße Mitteilung eines Tatverdachts,[177] die bei allen Deliktsarten, also auch bei Offizialdelikten möglich ist. **266**

Eine weitere Verfahrensvoraussetzung ist, dass der Beschuldigte am **Leben** ist (→ Rn. 273). **267**

Exkurs zum verstorbenen Beschuldigten: Gegen eine verstorbene Person kann kein Strafverfahren betrieben werden. Aus dem eben Gesagten folgt auch, dass eine Verfahrensvoraussetzung wegfällt, wenn der Beschuldigte im Laufe des Strafverfahrens verstirbt. Zur Frage, wie mit dieser Konstellation prozessual umzugehen ist → Rn. 270, 273. **268**

c) Rechtsfolgen

Für die Frage, welche Rechtsfolgen das Vorliegen eines Verfahrenshindernisses (also mit anderen Worten das Nichtvorliegen einer Verfahrensvoraussetzung) entfaltet, ist zwischen **dauerhaften und vorübergehenden** (behebbaren) **Verfahrenshindernissen** zu unterscheiden. Ein Bsp. für ein dauerhaftes Verfahrenshindernis bildet der Tod des Beschuldigten, ein Bsp. für ein behebbares Verfahrenshindernis ist eine vorübergehende Verhandlungsunfähigkeit des Beschuldigten.[178] Auf die einzelnen möglichen Verfahrenshindernisse wird weiter unten eingegangen (→ Rn. 273 ff.). Zunächst ist aber allgemein zwischen den Rechtsfolgen bei dauerhaften und vorübergehenden Verfahrenshindernissen zu unterscheiden: **269**

aa) Grundsatz bei dauerhaften Verfahrenshindernissen

Stellt sich im Laufe des Strafverfahrens heraus, dass eine Prozessvoraussetzung dauerhaft fehlt bzw. dauerhaft weggefallen ist (z.B. Tod des Beschuldigten), so ist das Verfahren zu beenden. Die Frage, auf welche Weise das Verfahren bei Vorliegen eines Verfahrenshindernis- **270**

---

[177] *Weingarten*, in: KK-StPO, § 158 Rn. 2.
[178] Vgl. hierzu BGH NStZ 1996, 242.

ses beendet wird, hängt davon ab, in welchem Stadium das dauerhafte Fehlen der Prozessvoraussetzung festgestellt wird:

- **Im Ermittlungsverfahren** ist das Verfahren gem. § 170 II StPO einzustellen (→ Rn. 13). Dies lässt sich damit begründen, dass bei Vorliegen eines Verfahrenshindernisses gerade keine Verurteilungswahrscheinlichkeit gegeben ist; der hinreichende Tatverdacht ist in diesen Fällen also abzulehnen.
- **Im Zwischenverfahren** ergeht ein Nichteröffnungsbeschluss gem. § 204 I StPO[179] (→ Rn. 21). Hier gilt die eben bei § 170 II StPO genannte Begründung entsprechend.

271 **Zu beachten:**[180] Auch wenn **§ 206a StPO** (Einstellung des Verfahrens bei Verfahrenshindernis) im Gesetzesabschnitt zum Zwischenverfahren steht, findet die Regelung **hier keine Anwendung**. Nach ihrem ausdrücklichen Wortlaut greift die Regelung nämlich erst „nach Eröffnung des Hauptverfahrens" (§ 206a I StPO). Sie gilt also nicht im Zwischenverfahren, sodass die Verortung innerhalb der §§ 198 ff. StPO als systemwidrig bezeichnet werden kann.

- **Im Hauptverfahren außerhalb der Hauptverhandlung** wird das Verfahren nach § 206a StPO eingestellt.
- **In der Hauptverhandlung** wird die Einstellung des Verfahrens wegen eines Verfahrenshindernisses durch Urteil gem. § 260 III StPO ausgesprochen.[181]

bb) Grundsatz bei vorübergehenden Verfahrenshindernissen

272 Soweit ein Verfahrenshindernis vorübergehender Natur ist, kommt je nach Fallgestaltung eine vorübergehende Einstellung des Verfahrens oder eine Behebung des Mangels in Betracht. Dies wird weiter unten anhand der Verhandlungsfähigkeit des Beschuldigten (→ Rn. 274 f.) und der Zuständigkeit des Gerichts (→ Rn. 275) deutlich gemacht.

cc) Zu den wichtigsten Verfahrenshindernissen

(1) Tod des Beschuldigten

273 Der Tod des Beschuldigten bildet ein dauerhaftes Verfahrenshindernis, das zu den oben genannten allgemeinen Rechtsfolgen führt (→ Rn. 270).

---

[179] *Volk*, Prozeßvoraussetzungen im Strafrecht. Zum Verhältnis von materiellem Recht und Prozeßrecht, 1978, S. 238.

[180] Vgl. hierzu *Kuhli*, in: NK-StPO, § 206a (Ms.).

[181] KG NStZ 1993, 297 (298).

(2) Verhandlungsunfähigkeit des Beschuldigten

274 Für das Vorliegen der strafprozessualen Verhandlungsfähigkeit[182] genügt es grds., dass der Beschuldigte in der Lage ist, seine Interessen in und außerhalb der Verhandlung wahrzunehmen und die Verteidigung zu führen.[183] Im Ausgangspunkt ist jedenfalls bei erwachsenen Beschuldigten vom Vorliegen der Verhandlungsfähigkeit auszugehen, wenn nicht schwere geistige, psychische oder körperliche Mängel in Betracht kommen.[184] Grds. muss die Verhandlungsfähigkeit in jeder Lage des Verfahrens gegeben sein, soweit nicht das Gesetz zur Wahrung der Belange einer funktionstüchtigen Strafrechtspflege Einschränkungen dieses Grundsatzes für Fälle einer selbstverschuldeten Verhandlungsunfähigkeit vorsieht (vgl. § 231a StPO).[185]

275 Eine Einschränkung der Verhandlungsfähigkeit kann **dauerhafter oder vorübergehender Natur** sein. Dementsprechend gelten je nach Fallgestaltung die oben genannten Rechtsfolgen bei dauerhaftem Verfahrenshindernis (→ Rn. 270 f.) oder bei vorübergehendem Verfahrenshindernis (→ Rn. 272).

(3) Örtliche und sachliche Unzuständigkeit des Gerichts

276 Stellt das Gericht im Zwischen- oder Hauptverfahren seine Unzuständigkeit fest, so ist dieser Mangel prinzipiell (z.B. durch Verweisung an das zuständige Gericht) behebbar. Zu den Einzelheiten und Ausnahmen → Rn. 321 ff.

(4) Fehlender Strafantrag

277 Liegt ein Strafantrag trotz Erforderlichkeit (→ Rn. 265 f.) nicht vor, so begründet dies nach Ablauf der Antragsfrist (§ 77b StGB) ein dauerhaftes Verfahrenshindernis.[186] Dieses führt zu den oben genannten allgemeinen Rechtsfolgen (→ Rn. 269 ff.). Entsprechendes gilt nach einer wirksamen Zurücknahme (§ 77d StGB) eines Strafantrags, da diese zu einem Wegfall der Verfahrensvoraussetzung führt.[187]

---

[182] Vgl. zur Verhandlungsfähigkeit *Kuhli*, in: NK-StPO, § 205 (Ms.).

[183] BVerfG NStZ 1995, 391; BGH NStZ 1995, 388; OLGSt (OLG Düsseldorf) § 206a Nr. 8.

[184] Vgl. BVerfG NStZ 1995, 391 (392).

[185] BVerfG NStZ 1995, 391 (392).

[186] Vgl. *Mitsch*, in: MüKo-StGB, § 77b Rn. 6.

[187] *Mitsch*, in: MüKo-StGB, § 77d Rn. 27.

(5) Entgegenstehende Rechtshängigkeit[188]

278 Mit dem Erlass eines Eröffnungsbeschlusses (→ Rn. 21) tritt Rechtshängigkeit ein.[189] Dies hat zur Folge, dass die betreffende prozessuale Tat (§ 264 I StPO → Rn. 31) in einem anderen Verfahren nicht mehr verfolgt werden darf; diesbezüglich besteht also ein dauerhaftes Verfahrenshindernis,[190] das zu den oben genannten allgemeinen Rechtsfolgen führt (→ Rn. 269 ff.).

(6) Entgegenstehende Rechtskraft

279 Soweit bereits eine rechtskräftige Entscheidung vorliegt, ist hinsichtlich der betreffenden prozessualen Tat (§ 264 I StPO → Rn. 31) kein neues Strafverfahren zulässig; es besteht diesbezüglich ein sog. **Strafklageverbrauch**. Das hierdurch hinsichtlich der betreffenden prozessualen Tat begründete dauerhafte Verfahrenshindernis führt zu den oben genannten allgemeinen Rechtsfolgen (→ Rn. 269 ff.).

280 Die Annahme eines Strafklageverbrauchs hat allerdings **zwei Voraussetzungen:** Es muss sich (erstens) um dieselbe **prozessuale Tat** (→ Rn. 31) handeln und (zweitens) muss diesbezüglich eine **rechtskräftige Entscheidung** vorliegen. Hinsichtlich der zweiten Voraussetzung ist danach zu differenzieren, welche Entscheidung in dem ursprünglichen Verfahren ergangen ist:

281 – Sieht die StA bei Geringfügigkeit des Tatvorwurfs gem. **§ 153 I StPO** von der Verfolgung ab, so führt dies **nicht** zu einem **Strafklageverbrauch**,[191] sodass eine erneute Durchführung des Strafverfahrens hinsichtlich desselben Tatvorwurfs zulässig ist. Begründen lässt sich dies damit, dass diese Form der Nichtverfolgung (anders als bei § 153a I S. 2 StPO) ohne Auflage erfolgt,[192] sodass der Beschuldigte nicht darauf vertrauen darf, hinsichtlich des betreffenden Tatvorwurfs in Zukunft „in Ruhe gelassen zu werden“.

282 – Nach **§ 153a I S. 1 StPO** hat die StA die Möglichkeit, vorläufig von der Anklageerhebung abzusehen und dem Beschuldigten Auflagen bzw. Weisungen zu erteilen, die in S. 2 normiert sind. Erfüllt der Beschuldigte die Auflagen bzw. Weisungen, so kann die Tat gem. S. 5 nicht mehr als Vergehen (i.S.d. § 12 II StGB) verfolgt werden. § 153a I S. 5 StPO begründet also einen **beschränkten Strafklageverbrauch**.[193]

---

[188] Vgl. hierzu *Kuhli*, in: NK-StPO, § 203 (Ms.).

[189] BGHSt 29, 341 (343); BGHSt 29, 224 (229); *Kühne*, Strafprozessrecht, Rn. 616.1.

[190] Meyer-Goßner/Schmitt/*Schmitt* § 207 StPO Rn. 13.

[191] BGH NStZ-RR 2020, 179; *Diemer*, in: KK-StPO, § 153 Rn. 26.

[192] *Engländer*, Examens-Repetitorium, Rn. 108.

[193] *Hoppen/Jansen* JuS 2021, 1132 (1136).

Beispiel: Gegen A wird ein Strafverfahren wegen des Tatvorwurfs des Diebstahls (§ 242 I StGB = Vergehen) geführt. Die StA sieht gem. § 153a I S. 2 StPO vorerst von der Anklageerhebung ab und A erfüllt die ihm auferlegten Auflagen bzw. Weisungen. Ergibt sich nun nachträglich der Verdacht, dass A damals nicht nur einen Diebstahl (§ 242 I StGB), sondern einen Raub (§ 249 I StGB = Verbrechen i.S.d. § 12 I StGB) begangen hat, so ist ein Strafverfahren möglich. Entsprechendes gilt auch dann, wenn A die ihm auferlegten Auflagen bzw. Weisungen nicht ordnungsgemäß erfüllt,[194] also auch dann, wenn weiterhin nur der Tatverdacht des Diebstahls im Raum steht. **283**

– Nach Anklageerhebung (§ 170 I StPO) kann das Gericht mit Zustimmung der StA und des Angeschuldigten bzw. Angeklagten das Verfahren vorläufig einstellen und zugleich dem Angeschuldigten bzw. Angeklagten die in § 153a I S. 1 und 2 StPO bezeichneten Auflagen und Weisungen erteilen (**§ 153a II S. 1 StPO**). In diesen Fällen gilt gem. S. 2 die Anordnung des **beschränkten Strafklageverbrauchs** (§ 153a I S. 5 StPO) entsprechend (→ Rn. 282). **284**
– Im Fall der nach Anklageerhebung (§ 170 I StPO) möglichen gerichtlichen Einstellung des Verfahrens gem. **§ 153 II StPO** nimmt der Bundesgerichtshof eine analoge Anwendung des § 153a I S. 5 StPO an,[195] sodass die dortigen Rechtsfolgen eines **beschränkten Strafklageverbrauchs** ebenfalls gelten (→ Rn. 282). Diese Lösung ist jedenfalls für solche Fälle sachgerecht, in denen die (für den Angeklagten eingriffsintensive) öffentliche Hauptverhandlung bereits begonnen hat. **285**
– Die staatsanwaltschaftliche Einstellung des Verfahrens gem. **§ 170 II StPO** begründet **keinen Strafklageverbrauch**.[196] Eine erneute Durchführung des Strafverfahrens hinsichtlich desselben Tatvorwurfs ist also zulässig. **286**
– Im Fall der gerichtlichen Ablehnung der Eröffnung des Hauptverfahrens gem. **§ 204 StPO** entsteht nach § 211 StPO eine **beschränkte Rechtskraft**.[197] Danach kann „die Klage nur auf Grund neuer Tatsachen oder Beweismittel wieder aufgenommen werden“. **287**
– Ein Sachurteil (**Verurteilung bzw. Freispruch**) erwächst in Rechtskraft, wenn es nicht (mehr) mit Rechtsmitteln (Berufung oder Revision → Rn. 317) angegriffen werden kann. In diesem Fall gilt der **Strafklageverbrauch** gem. Art. 103 III GG. **288**

---

[194] Vgl. *Peters*, in: MüKo-StPO, § 153a Rn. 43.
[195] BGH NJW 2004, 375; vgl. hierzu *Hoppen/Jansen* JuS 2021, 1132 (1135 f.).
[196] *Gorf*, in: BeckOK-StPO, § 170 Rn. 20.
[197] Vgl. *Krack*, in: Fahl u.a., Festschrift für Werner Beulke zum 70. Geburtstag, 2015, S. 819 (826).

289 **Vertiefung:** Zu beachten ist, dass Art. 103 III GG letztlich also über seinen Wortlaut hinausgehend ausgelegt wird. Die Verfassungsvorschrift lautet „Niemand darf wegen derselben Tat auf Grund der allgemeinen Strafgesetze mehrmals bestraft werden“, verbietet also streng genommen nur die doppelte Bestrafung.[198] Allerdings ist aus Art. 103 III GG auch das Verbot abzuleiten, ein Strafverfahren einzuleiten, wenn zuvor hinsichtlich derselben prozessualen Tat ein Freispruch ergangen ist.[199]

2. Muss die Staatsanwaltschaft ein Ermittlungsverfahren einleiten?

290 Die StA trifft gem. §§ 152 II, 160 I StPO die grundsätzliche Pflicht, bei Vorliegen eines Anfangsverdachts ein Ermittlungsverfahren einzuleiten (sog. **Legalitätsprinzip**). Üblicherweise erlangt die StA die Informationen, die den Anfangsverdacht begründen, etwa durch eine Strafanzeige (§ 158 I S. 1 Alt. 1 StPO → Rn. 266) oder durch den Hinweis vonseiten anderer Behörden (z.B. Umweltbehörde).

291 **Exkurs zu privat erlangten Erkenntnissen:** Problematisch sind die Fälle, in denen ein Staatsanwalt im privaten Bereich (etwa im Freundeskreis) Tatsachen erfährt, die einen Anfangsverdacht begründen könnten. Würde man hier gleichwohl eine strenge Ermittlungspflicht annehmen, könnte dies Auswirkungen auf den engsten Lebensbereich des Staatsanwalts haben (z.B. durch den Verlust von Freunden). Andererseits mag es problematisch erscheinen, bei schwersten Delikten eine Ermittlungspflicht abzulehnen. Für den betreffenden Staatsanwalt ist die Lösung dieses Dilemma nicht zuletzt deshalb fundamental, da eine Nichtermittlung trotz Ermittlungspflicht den Straftatbestand der Strafvereitelung im Amt gem. § 258a StGB begründen könnte.

Eine **Lösung** dieses Problems lässt sich dadurch erzielen, dass das Legalitätsprinzip im Lichte des grundrechtlich geschützten Allgemeinen Persönlichkeitsrechts (Art. 1 I, 2 I GG) zu bewerten ist (vgl. auch den Wortlaut von § 152 II StPO: „soweit nicht gesetzlich ein anderes bestimmt ist“). Im Ergebnis lässt sich deshalb gut vertreten, dass der Staatsanwalt nicht alle privat erlangten Erkenntnisse zum Anlass für die Aufnahme eines Ermittlungsverfahrens nehmen

---

[198] Vgl. *Remmert*, in: Dürig/Herzog/Scholz, GG, Art. 103 III Rn. 61.
[199] Vgl. *Radtke*, in: BeckOK-GG, Art. 103 Rn. 45.

muss. Unterschiedliche Auffassungen bestehen einzig hinsichtlich der Frage, wo die Grenze liegt:[200] Teilweise wird anhand von aus dem materiellen Strafrecht entnommenen Schwerekategorien abgegrenzt (z.B. Bejahung einer Verfolgungspflicht bei Verbrechen gem. § 12 I StGB); eine solche Auffassung hat den Vorteil der Eindeutigkeit, allerdings stellt sich die Frage, ob die materiellrechtlichen Kriterien ohne Weiteres in den Bereich des Strafprozessrechts übernommen werden können. Zum Teil wird deshalb auch auf den Einzelfall abgestellt, was aber wiederum das Problem mangelnder Bestimmtheit mit sich bringt. Im Ergebnis sind beide Wege vertretbar.

3. Muss die Staatsanwaltschaft Anklage erheben?

Blendet man die Fälle des Absehens von der Strafverfolgung gem. 292
§§ 153 ff. StPO (→ Rn. 13 f.) aus, so muss die StA dann Anklage erheben, wenn ein hinreichender Tatverdacht besteht (→ Rn. 11). Ein solcher ist dann ausgeschlossen, wenn Verfahrensvoraussetzungen dauerhaft fehlen (→ Rn. 270), wenn der Tatnachweis nicht geführt werden kann oder wenn der beweisbare Sachverhalt nicht strafbar ist.

Klausurtipp: Hinter der Frage „Muss die Staatsanwaltschaft An- 293
klage erheben?" kann sich also der Einstieg in die Prüfung von Verfahrensvoraussetzungen bzw. Beweisfragen oder in eine materiellstrafrechtliche Prüfung verbergen.

Vertiefung: Problematisch im Hinblick auf die Bejahung des hin- 294
reichendes Tatverdachts sind die Fälle, in denen die StA und die gefestigte Rspr. unterschiedlicher Rechtsauffassung über die Frage der Strafbarkeit des betreffenden Verhaltens sind:

– **Geht** die gefestigte **Rspr.** (anders als die StA) **von einer Straflosigkeit aus**, so besteht letztlich keine Verurteilungswahrscheinlichkeit, sodass es gut vertretbar ist, den hinreichenden Tatverdacht abzulehnen und damit eine *Verpflichtung* zur Anklageerhebung (§ 170 I StPO) zu verneinen. Berücksichtigt man andererseits die gesetzlich angeordnete Unabhängigkeit der StA (§ 150 GVG), so wird man ihr aber auch zugestehen müssen, dass sie eine Anklage gem. § 170 I StPO erheben *darf*.

---

[200] S. zum Folgenden auch die Darstellung bei *Engländer*, Examens-Repetitorium, Rn. 18 m.w.N.

– **Geht** die gefestigte **Rspr.** bzgl. eines Sachverhalts (anders als die StA) **von einer Strafbarkeit aus**, so besteht (im Fall des Vorliegens aller Verfahrensvoraussetzungen und im Fall der mutmaßlichen Beweisbarkeit des Tatvorwurfs) letztlich eine Verurteilungswahrscheinlichkeit, sodass die Definition des hinreichenden Tatverdachts erfüllt ist.[201] Andererseits könnte man aber wiederum unter Rückgriff auf § 150 GVG (Unabhängigkeit der StA!) vertreten, dass es nur auf ihre Sichtweise ankommt. Hiernach bestünde kein hinreichender Tatverdacht. Im Ergebnis ist beides vertretbar.

4. Wie hat das Gericht im Zwischenverfahren zu entscheiden?

295 Nach der Anklageerhebung (§ 170 I StPO) geht das Strafverfahren in das gerichtliche Zwischenverfahren über (→ Rn. 15). Das Zwischenverfahren dient der gerichtlichen Überprüfung, ob der von der StA bereits bejahte hinreichende Tatverdacht (→ Rn. 11) auch aus Sicht des Gerichts besteht (§ 203 StPO). Nach dem eben Gesagten ist ein solcher hinreichender Tatverdacht ausgeschlossen, wenn Verfahrensvoraussetzungen dauerhaft fehlen (→ Rn. 270), wenn der Tatnachweis nicht geführt werden kann oder wenn der beweisbare Sachverhalt nicht strafbar ist.

296 **Klausurtipp:** Hinter der Frage „Wie hat das Gericht im Zwischenverfahren zu entscheiden" kann sich also der Einstieg in die Prüfung von Verfahrensvoraussetzungen bzw. Beweisfragen oder in eine materiell-strafrechtliche Prüfung verbergen.

297 Vgl. darüber hinaus zu den einzelnen gerichtlichen Entscheidungsmöglichkeiten im Zwischenverfahren (Eröffnungsbeschluss gem. §§ 203, 207 StPO, Nichteröffnungsbeschluss gem. § 204 StPO und Absehen von der Strafverfolgung gem. §§ 153 ff. StPO) → Rn. 21.

5. Wird das Gericht den Angeklagten verurteilen?

298 In der Hauptverhandlung (→ Rn. 24 ff.) steht vor allem die Frage im Raum, ob der Tatvorwurf zur Überzeugung des Gerichts feststeht (§ 261 StPO).

299 **Klausurtipp:** Hinter der Frage „Wird das Gericht den Angeklagten verurteilen?" kann sich also der Einstieg in die Prüfung von Beweisfragen oder in eine materiell-strafrechtliche Prüfung verbergen.

---

[201] Dahin gehend BGH NJW 1960, 2346.

VII. Fragen zur Zuständigkeit

1. Welches Gericht ist zuständig?

Wird nach der Zuständigkeit des Gerichts gefragt, so sind verschie- **300**
dene Arten der Zuständigkeit zu unterscheiden:

a) Örtliche Zuständigkeit

Die örtliche Zuständigkeit bestimmt, welches Gericht in lokaler **301**
Hinsicht zuständig ist. Zu denken ist bspw. an das Oberlandesgericht der Stadt X oder an dasjenige der Stadt Y. Je nach Anknüpfungspunkt können verschiedene Gerichte örtlich zuständig sein. Die StPO spricht diesbezüglich vom sog. „Gerichtsstand".[202] Die wichtigsten der eben genannten Anknüpfungspunkte sind:

– **Gerichtsstand des Tatorts** (§ 7 StPO): Danach ist der Gerichtsstand bei dem Gericht begründet, in dessen Bezirk die Straftat mutmaßlich begangen wurde.
– Gerichtsstand des Wohnsitzes des Angeschuldigten (§§ 8, 11 StPO).
– **Gerichtsstand des Ergreifungsorts** (§ 9 StPO): Danach ist der Gerichtsstand bei dem Gericht begründet, in dessen Bezirk der Beschuldigte aufgegriffen wurde.

Die eben genannten Anknüpfungspunkte können zur örtlichen Zu- **302**
ständigkeit verschiedener Gerichte führen, sodass eine Auswahl zu treffen ist. Kommen also **mehrere verschiedene Gerichtsstände** in Betracht, so hat die StA ein am Willkürverbot zu messendes Wahlrecht.[203] Hierbei kann bspw. berücksichtigt werden, ob viele Zeugen am Gerichtsstand des Tatorts wohnen (= Arg. für § 7 StPO). Werden verschiedene Gerichte mit derselben prozessualen Tat betraut (z.B. durch zwei parallel arbeitende Staatsanwaltschaften), so gebührt demjenigen Gericht „der Vorzug, das die Untersuchung zuerst eröffnet hat" (§ 12 StPO); hiermit ist grds. der Erlass eines Eröffnungsbeschlusses (§§ 203, 207 StPO) gemeint.[204]

b) Sachliche (erstinstanzliche) Zuständigkeit

Sachlich zuständig ist derjenige Spruchkörper (z.B. Schöffengericht **303**
am Amtsgericht gem. § 28 GVG), der erstinstanzlich zuständig ist.[205]

---

[202] Vgl. den Wortlaut des 2. Abschnitts des 1. Buchs der StPO.

[203] *Bachler*, in: BeckOK-StPO, § 12 Rn. 2, 4 m.w.N.; *Ellbogen*, in: MüKo-StPO, § 12 Rn. 1 m.w.N.

[204] Vgl. hierzu *Ellbogen*, in: MüKo-StPO, § 12 Rn. 4.

[205] *Beulke/Swoboda*, Strafprozessrecht, Rn. 71.

§ 1 StPO verweist für die sachliche Zuständigkeit auf die Vorschriften im GVG. Danach können folgende **Gerichte** in Strafsachen erstinstanzlich zuständig sein:
– Amtsgericht (§§ 24 ff. GVG).
– Landgericht (§§ 74 ff. GVG).
– Oberlandesgericht (§§ 120 ff. GVG).

304 **Klausurtipp:** Grundsätzlich steht die erstinstanzliche Zuständigkeit dieser Gerichte in einem Exklusivitätsverhältnis zueinander. Sie können hier also unter Umständen mit dem Ausschlussprinzip arbeiten.

Diese Gerichte beinhalten teilweise verschiedene Spruchkörper, die im Folgenden dargestellt werden:

aa) Oberlandesgericht

305 Die erstinstanzliche Zuständigkeit des Oberlandesgerichts ergibt sich aus den §§ 120 ff. GVG.

306 **Klausurtipp:** Um die Zuständigkeit des Oberlandesgerichts auszuschließen, müssen *alle* nachfolgenden Fragen *verneint* werden:

– Handelt es sich bei dem anzuklagenden Delikt um ein in § 120 I GVG genanntes Staatsschutzdelikt?

– Hat in dem zugrundeliegenden Sachverhalt der Generalbundesanwalt wegen besonderer Bedeutung die Verfolgung übernommen? S. hierzu § 120 II GVG.

– Handelt es sich bei dem anzuklagenden Delikt um den Vorwurf der Bestechlichkeit oder Bestechung von Mandatsträgern (§ 120b GVG)?

Wird auch nur eine dieser Fragen bejaht, so ist die sachliche Zuständigkeit des Oberlandesgerichts begründet.

307 Der **Spruchkörper** des Oberlandesgerichts ist der sog. Strafsenat (§ 116 GVG).

bb) Amtsgericht

308 Die erstinstanzliche Zuständigkeit des Amtsgerichts ergibt sich aus den §§ 24 ff. GVG. In einer ersten Annäherung lässt sich sagen, dass das Amtsgericht dann zuständig ist, wenn keine Zuständigkeit des Landgerichts bzw. des Oberlandesgerichts nach §§ 24 I Nr. 3, 74 II, 74a, 120, 120b GVG gegeben ist und wenn keine höhere Strafe als vier

Jahre Freiheitsstrafe oder sonstige in § 24 I Nr. 2 GVG genannte Rechtsfolge zu erwarten ist.

Vertiefung: Die für die Straferwartung notwendige Prognose wird zunächst von der StA im Zeitpunkt der Anklageerhebung vorgenommen. Später im Zwischenverfahren unternimmt das Gericht eine eigene Prognose.[206] Zur Konstellation, dass das Gericht schlussendlich zu einer anderen Straferwartung gelangt → Rn. 322 ff., 324. 309

Klausurtipp: Ob das Amtsgericht sachlich zuständig ist, lässt sich anhand folgender Fragen prüfen: 310

- Ist die Zuständigkeit des Landgerichts nach §§ 74 II, 74a GVG oder des Oberlandesgerichts nach §§ 120, 120b GVG begründet? – Die Zuständigkeit des Amtsgerichts kommt nur dann in Betracht, wenn die eben genannte Frage verneint wird (vgl. § 24 I Nr. 1 GVG).
- Übersteigt die Straferwartung für das anzuklagende Delikt eine Freiheitsstrafe von vier Jahren oder ist zu erwarten, dass der Beschuldigte in einem psychiatrischen Krankenhaus untergebracht wird oder dass Sicherungsverwahrung angeordnet wird? – Liegt auch nur einer dieser Fälle vor, so ist nach § 24 I Nr. 2 GVG das Amtsgericht nicht zuständig.
- Liegt ein Fall gem. § 24 I Nr. 3 GVG vor? – Wird dies bejaht, so ist von vornherein nicht das Amtsgericht, sondern das Landgericht zuständig.

Sofern Sie in der Prüfung zur Zuständigkeit des Amtsgerichts gelangen, schließt sich hieran die Frage an, welcher amtsgerichtliche **Spruchkörper** zuständig ist. Diesbezüglich gibt es insbesondere zwei klausurrelevante Spruchkörper, zum einen den **Strafrichter** (Richter beim Amtsgericht, § 25 GVG) und zum anderen das **Schöffengericht** (§§ 28, 29 GVG). Letzteres ist gem. § 29 I S. 1 GVG grds. mit einem Berufsrichter und zwei Schöffen besetzt. Es ist gem. § 28 GVG dann zuständig, wenn das Amtsgericht, aber nicht der **Strafrichter** zuständig ist. 311

Klausurtipp: Wann der Strafrichter zuständig ist, richtet sich nach § 25 GVG. Danach ist der Strafrichter bei Vergehen (§ 12 II GVG) 312

[206] *Schuster*, in: MüKo-StPO, § 24 GVG Rn. 5.

zuständig, die im Wege der Privatklage verfolgt werden (§ 25 Nr. 1 GVG), und bei Vergehen, wenn eine höhere Strafe als Freiheitsstrafe von zwei Jahren nicht zu erwarten ist (Nr. 2). Daraus folgt:

- Handelt es sich um ein Verbrechen i.S.v. § 12 I StGB, ist der Strafrichter gem. § 25 GVG nicht zuständig. Es können dann nur das Schöffengericht, ein Spruchkörper am Landgericht oder ein Senat am Oberlandesgericht zuständig sein.
- Wird bei einem Vergehen eine höhere Strafe als zwei Jahre Freiheitsstrafe erwartet, ist der Strafrichter nach § 25 Nr. 2 GVG nicht zuständig.

Vertiefung zur Strafgewalt des Strafrichters (§ 25 GVG): Die in § 25 Nr. 2 GVG genannte Straferwartung (von bis zu zwei Jahren) ändert nichts daran, dass der Strafrichter nach Eröffnung des Hauptverfahrens die in § 24 II GVG normierte Strafgewalt hat, also eine Freiheitsstrafe von bis zu vier Jahren verhängen darf.[207]

cc) Landgericht

313 Das Landgericht ist u.a. in folgenden Fällen sachlich zuständig:
- Anklage eines Delikts aus dem Katalog des § 74 II GVG oder § 74a I GVG.
- Gem. § 74 I S. 1 GVG begründen alle Verbrechen, die nicht zur Zuständigkeit des Amtsgerichts oder des Oberlandesgerichts gehören, die Zuständigkeit des Landgerichts.

314 Das Landgericht verfügt über verschiedene **Spruchkörper**, u.a. als Besondere Strafkammern das (etwa für Tötungsdelikte zuständige) Schwurgericht (§ 74 II GVG) und die Staatsschutzkammer (§ 74a GVG). Soweit keine derartige oder sonstige Besondere Strafkammer zuständig ist, ist die Allgemeine Große Strafkammer (§ 76 I S. 1 GVG) zuständig.

c) Rechtsmittelzuständigkeit

315 Die Rechtsmittelzuständigkeit hängt von der erstinstanzlichen Zuständigkeit ab:

aa) Erstinstanzliche Entscheidung des Amtsgerichts

316 Soweit das Amtsgericht in erster Instanz entschieden hat, gibt es prinzipiell **zwei weitere Instanzen:**

---

[207] *Barthe*, in: KK-StPO, § 25 GVG Rn. 7.

– Gegen die Entscheidung des Strafrichters und des Schöffengerichts ist eine **Berufung** (§ 312 StPO) statthaft, für die nach § 74 III GVG die **Kleine Strafkammer am Landgericht** zuständig ist.
– Gegen die Berufungsentscheidung des Landgerichts wiederum ist eine **Revision** (§ 333 StPO) statthaft, für die nach § 121 I Nr. 1 Buchst. b GVG das Oberlandesgericht zuständig ist.

Vertiefung: Bei der **Berufung** (§§ 312 ff. StPO) handelt es sich um ein Rechtsmittel, das die Überprüfung des angegriffenen Urteils in rechtlicher und tatsächlicher Hinsicht ermöglicht.[208] Demgegenüber bildet die **Revision** (§§ 333 ff. StPO) ein Rechtsmittel, mit dem ausschließlich Rechtsfehler des angegriffenen Urteils überprüft werden können (§ 337 I StPO); eine Überprüfung der Beweiswürdigung ist bei diesem Rechtsmittel in der Regel nicht möglich. 317

Anstelle des eben skizzierten Weges, zunächst Berufung und dann Revision einzulegen, besteht nach § 335 I StPO auch die Möglichkeit, gegen die erstinstanzliche amtsgerichtliche Entscheidung direkt Revision einzulegen (sog. **Sprungrevision**). Zuständig ist hierfür ebenfalls das Oberlandesgericht (§ 335 II StPO i.V.m. § 121 I Nr. 1 Buchst. b GVG). 318

bb) Erstinstanzliche Entscheidung des Landgerichts

Soweit das Landgericht in erster Instanz entschieden hat, gibt es prinzipiell nur noch **eine weitere Instanz:** Statthaft ist dann nämlich nur die Revision, für die grds.[209] der **Bundesgerichtshof** zuständig ist (§ 135 I GVG). 319

cc) Erstinstanzliche Entscheidung des Oberlandesgerichts

Auch soweit das Oberlandesgericht in erster Instanz entschieden hat, gibt es prinzipiell nur noch **eine weitere Instanz:** Statthaft ist dann nämlich nur die Revision, für die der **Bundesgerichtshof** zuständig ist (§ 135 I GVG). 320

---

[208] *Beulke/Swoboda*, Strafprozessrecht, Rn. 834.

[209] Die daneben gegebene Zuständigkeit des Oberlandesgerichts für die Revision gegen erstinstanzliche Urteile des Landgerichts, wenn die Revision ausschließlich auf die Verletzung einer in den Landesgesetzen enthaltenen Rechtsnorm gestützt wird (§ 121 I Nr. 1 Buchst. c GVG), ist wenig klausurrelevant.

2. Was passiert bei sachlicher Unzuständigkeit?

321 Klausurrelevante Konstellationen betreffen das Zwischenverfahren und die Hauptverhandlung:

a) Zwischenverfahren

322 Stellt sich im Zwischenverfahren heraus, dass das betreffende Gericht sachlich unzuständig ist, greift **§ 209 StPO:**

323 – Hält das Gericht, bei dem die Anklage eingereicht ist, die Zuständigkeit eines Gerichts niedrigerer Ordnung in seinem Bezirk für begründet, so eröffnet es das Hauptverfahren vor diesem Gericht (**§ 209 I StPO**). Danach könnte **z.B.** das Schöffengericht (§ 28 GVG) das Hauptverfahren gem. §§ 203, 207 StPO vor dem Strafrichter (§ 25 GVG) eröffnen. Das Hauptverfahren wäre dann eröffnet.

324 – Hält das Gericht, bei dem die Anklage eingereicht ist, die Zuständigkeit eines Gerichts höherer Ordnung, zu dessen Bezirk es gehört, für begründet, so legt es die Akten durch Vermittlung der Staatsanwaltschaft diesem zur Entscheidung vor (**§ 209 II StPO**).

Beispiel: Stellt das Schöffengericht (§ 28 GVG) im Laufe des Zwischenverfahrens fest, dass die Straferwartung über der amtsgerichtlichen Strafgewalt (§ 24 II GVG) liegt, sodass etwa die Allgemeine Große Strafkammer am Landgericht (§ 76 I S. 1 GVG) zuständig ist, so legt das Schöffengericht der Großen Strafkammer die Akten zur Entscheidung vor. Diese entscheidet sodann selbst über die Frage der Eröffnung des Hauptverfahrens.[210]

b) Hauptverhandlung

325 Stellt sich in der Hauptverhandlung heraus, dass das betreffende Gericht sachlich unzuständig ist, greifen **§§ 269, 270 StPO:**

– Hält ein Gericht in der Hauptverhandlung die sachliche Zuständigkeit eines Gerichts höherer Ordnung für begründet, so verweist es die Sache durch Beschluss an das zuständige Gericht (**§ 270 I S. 1 Hs. 1 StPO**).

– Hält ein Gericht in der Hauptverhandlung die sachliche Zuständigkeit eines Gerichts niedrigerer Ordnung für begründet, so darf es sich nicht für unzuständig erklären (**§ 269 StPO**). Eine Verweisung an das niedrigere Gericht kommt daher nicht in Betracht.[211]

---

[210] Vgl. *Schneider*, in: KK-StPO, § 209 Rn. 15.

[211] *Peglau*, in: BeckOK-StPO, § 269 Rn. 10.

C. Taktik der Klausurvorbereitung und -bearbeitung

I. Zum zeitlichen Aufwand der Vorbereitung

Strafprozessrecht „auf Lücke“ zu lernen, empfiehlt sich keinesfalls. 326
So wurde bspw. in Hamburg in den Jahren von 2016 bis 2019 in der Hälfte aller Strafrechtsklausuren eine strafprozessuale Zusatzfrage gestellt. Allerdings hält sich der Aufwand der Vorbereitung in Grenzen: Anders als hinsichtlich des materiellen Rechts sehen die Prüfungsgegenständeverordnungen in aller Regel vor, dass nur wenige Bereiche des Strafverfahrensrechts Prüfungsgegenstand sein dürfen. So werden etwa in den Regelungen für Hamburg folgende Gegenstände genannt:

> „aus dem Strafverfahrensrecht im Überblick: Gerichtsverfassungsrechtliche Grundlagen einschließlich des Instanzenzugs, Verfahrensgrundsätze, Gang des Ermittlungs- und Strafverfahrens, Rechtsstellung und Aufgaben der wesentlichen Verfahrensbeteiligten, Untersuchungshaft, Vorläufige Festnahme, Körperliche Untersuchung, Beschlagnahme, Durchsuchung, Aufklärungspflicht, Beweisaufnahme, Arten der Beweismittel und Beweisverbote.“[212]

Dies bedeutet für die Klausurvorbereitung, dass der Anspruch nicht 327
darin bestehen sollte, das Strafverfahrensrecht vollumfänglich zu erarbeiten. Vielmehr kommt es darauf an, die zentralen Normen zu kennen, mit diesen arbeiten zu können und sich mit gängigen strafprozessualen Konstellationen vertraut zu machen. Es wird deshalb empfohlen, in die Sie betreffende Prüfungsgegenständeverordnung bzw. das betreffende Justizausbildungsgesetz zu blicken, um den Umfang der Vorbereitung abstecken zu können. In aller Regel wird es reichen, wenn Sie **ein bis zwei Wochen** Zeit für die Materie des Strafprozessrechts veranschlagen.

---

[212] Verordnung über die Prüfungsgegenstände der staatlichen Pflichtfachprüfung im Rahmen der ersten Prüfung (Prüfungsgegenständeverordnung) vom 24. Januar 2020, abrufbar unter https://www.landesrecht-hamburg.de/bsha/document/jlr-PrIGgstVHA2020rahmen (letzter Abruf am 5.5.2023).

II. Zum Unterschied zur Vorbereitung im materiellen Strafrecht

328 Die strafprozessuale Zusatzfrage kann in vielen Fällen isoliert vom materiellen Teil gelöst werden – wer im materiellen Teil Schwierigkeiten hat, muss diese also nicht zwingend automatisch auch im prozessualen Teil haben.

329 Während die Vorbereitung auf das materielle Strafrecht häufig voraussetzt, dass Streitstände vergleichsweise detailliert bekannt sind, gilt dies im Strafprozessrecht weniger.

III. Zum Vorgehen in der Klausur

330 Die Bearbeitung der strafprozessualen Zusatzfrage bildet in der Regel den Abschluss der Klausur und sollte deshalb in ihrer Bedeutung nicht unterschätzt werden. Gerade weil materieller Teil und strafprozessualer Teil meist isoliert voneinander bearbeitet werden können, birgt der Umfang strafrechtlicher Klausuren die Gefahr, dass die strafprozessuale Zusatzfrage in der Zeit nicht mehr geschafft wird oder nur noch sehr rudimentär bearbeitet werden kann. Es ist deshalb sehr zu empfehlen, bei der Lektüre des Sachverhalts auch bereits die strafprozessuale Zusatzfrage mitzulesen. Selbst wenn die Anfertigung einer Lösungsskizze im Strafrecht eher kurz ausfallen sollte, um die Bearbeitung in der Zeit zu schaffen, sollte eine kurze Lösungsskizze für die Beantwortung der strafprozessualen Zusatzfrage nicht ausgespart werden.

331 Die Normen der StPO sind nicht so systematisch angeordnet, dass sich eine gesuchte Norm problemlos durch systematisches Verständnis auffinden lässt. Ein wichtiger Hinweis für die Vorbereitung ist deshalb, die gängigen Normen in Grundzügen zu kennen. Wenn während der Klausur eine Norm nicht mehr aufgefunden werden kann, lohnt sich stets der Blick in das Inhalts- oder Stichwortverzeichnis.

Kontrollfragen

I. Gang des Verfahrens

1. In welche zwei Elemente gliedert sich das Strafverfahren? → Rn. 1
2. Was ist der Zweck des Strafverfahrens? → Rn. 1
3. Welche Verfahrensschritte kann das Erkenntnisverfahren haben? → Rn. 3 ff.
4. Was ist die Voraussetzung für die Aufnahme eines Ermittlungsverfahrens (Vorverfahrens)? → Rn. 7 ff.
5. Wer ist für das Ermittlungsverfahren zuständig? → Rn. 17
6. Welche Verdachtsstufen sind für das Ermittlungsverfahren relevant und wofür? → Rn. 7 ff.
7. Wie kann ein Ermittlungsverfahren abgeschlossen werden? → Rn. 13
8. Was wird in einem Zwischenverfahren geprüft? → Rn. 20
9. Wer ist für das Zwischenverfahren zuständig? → Rn. 20
10. Welche Möglichkeiten zur Beendigung des Zwischenverfahrens gibt es? → Rn. 21
11. Aus welchen Abschnitten besteht das Hauptverfahren? → Rn. 22
12. Wie kann das Hauptverfahren enden? → Rn. 26
13. Welche Rechtsmittelmöglichkeiten gegen Urteile gibt es? → Rn. 317
14. Welche besonderen Verfahrensarten kennt die StPO und was zeichnet diese Verfahrensarten aus? → Rn. 28

II. Akkusationsprinzip

1. Was versteht man unter dem Akkusationsprinzip? → Rn. 29 ff.
2. Was ist eine Tat im prozessualen Sinne? → Rn. 31
3. Welche Voraussetzungen hat eine Nachtragsanklage? → Rn. 38

III. Zentrale Verfahrensbeteiligte

1. Welche Funktionen erfüllt der Richter im Strafverfahren? → Rn. 39
2. Wo ist das Gebot richterlicher Unabhängigkeit geregelt und was besagt es? → Rn. 41

3. Was ist der Unterschied zwischen Berufsrichtern und Schöffen? → Rn. 40 f.
4. Welche Aufgaben hat die StA im Strafverfahren? → Rn. 42 ff.
5. Kann ein Staatsanwalt wegen Besorgnis der Befangenheit abgelehnt werden? → Rn. 45 f.
6. Welche Rechte ergeben sich aus dem hierarchischen Organisationsaufbau der StA? → Rn. 49
7. Welche Rolle kommt der Polizei im Strafverfahren zu? → Rn. 50
8. Welche Besonderheit ergibt sich, wenn Polizeibeamte sog. Ermittlungspersonen der StA sind? → Rn. 51 ff.
9. Wer ist Beschuldigter im Strafverfahren? → Rn. 54 ff.
10. Was ist der Unterschied zwischen dem Beschuldigten im engeren Sinne, dem Angeschuldigten und dem Angeklagten? → Rn. 54
11. Welche Rolle nimmt der Verteidiger im Strafverfahren ein? → Rn. 62
12. Welche Rechte hat der Verteidiger? → Rn. 64
13. Was ist ein Pflichtverteidiger und unter welchen Voraussetzungen wird ein solcher bestellt? → Rn. 61
14. Was versteht man unter dem Strengbeweisverfahren? → Rn. 66
15. Wer kann Zeuge im Strafverfahren sein? → Rn. 67
16. In welchen Aufgabenfeldern wird der Sachverständige tätig? → Rn. 68

IV. Rechte des Beschuldigten und des Zeugen

1. Was versteht man unter der Subjektstellung des Beschuldigten im Strafverfahren? → Rn. 69
2. Aus welchem verfassungsrechtlichen Grundsatz lässt sich das Schweigerecht des Beschuldigten ableiten? → Rn. 70
3. Woraus ergibt sich das grundsätzliche Anwesenheitsrecht des Beschuldigten in der Hauptverhandlung? → Rn. 74
4. Wann muss ein Zeuge nicht aussagen? → Rn. 82 ff., 107

V. Pflichten des Beschuldigten und des Zeugen

1. Ist der Beschuldigte im Ermittlungsverfahren verpflichtet, zu jeder Art der Vernehmung zu erscheinen? → Rn. 94 ff.
2. Woraus ergibt sich die grundsätzliche Anwesenheitspflicht des Angeklagten in der Hauptverhandlung? → Rn. 98 ff.
3. In welchen Fällen entfällt die Anwesenheitspflicht des Angeklagten in der Hauptverhandlung? → Rn. 99 f.
4. Zu welchen Angaben ist der Beschuldigte trotz seines Schweigerechts immer verpflichtet? → Rn. 103

5. Zu welchen Anlässen muss der Zeuge im Strafverfahren erscheinen? → Rn. 104
6. Ist der Zeuge zur Wahrheit verpflichtet? → Rn. 108

VI. Ermittlungsmaßnahmen

1. Welche Maßnahmen können grds. im Rahmen der körperlichen Untersuchung des Beschuldigten ergriffen werden? → Rn. 121 f.
2. Wo sind Sicherstellung und Beschlagnahme geregelt? Was ist der Unterschied? → Rn. 124
3. Wo ist die Durchsuchung geregelt? → Rn. 125
4. Wo ist die Beschuldigtenvernehmung durch die Polizei im Ermittlungsverfahren geregelt? → Rn. 135
5. Aus welchen Normen lässt sich eine Ermittlungsgeneralklausel ableiten? → Rn. 136
6. Was versteht man unter dem Begriff „Richtervorbehalt"? → Rn. 18, 140
7. Welche Besonderheit ist bei § 112 III StPO zu beachten? → Rn. 161
8. Welche Besonderheit gilt hinsichtlich der Eingriffsintensität bei Maßnahmen, die auf die Ermittlungsgeneralklausel gestützt werden? → Rn. 168 ff.
9. Welche Typen verdeckt ermittelnder Personen gibt es? → Rn. 171

VII. Beweisverwertung

1. Was ist der Unterschied zwischen Beweiserhebungs- und Beweisverwertungsverboten? → Rn. 197 ff.
2. Was versteht man unter dem Rechtskreis? → Rn. 251 f.
3. Wann führt ein Verstoß gegen den Richtervorbehalt zu einem Beweisverwertungsverbot? → Rn. 257 f.
4. Was versteht man unter dem Begriff der Fernwirkung? → Rn. 259 f.
5. Wie wird die Prüfung des Vorliegens eines unselbständigen Beweisverwertungsverbots allgemein aufgebaut? → Rn. 204
6. Was versteht man unter der Widerspruchslösung? → Rn. 241 ff.

VIII. Zuständigkeit

1. Was ist die sachliche Zuständigkeit? → Rn. 303
2. Nach welchen Normen richtet sich die örtliche Zuständigkeit? → Rn. 301 f.

3. Was versteht man unter dem Gerichtsstand und welche Gerichtsstände gibt es? → Rn. 301
4. Wie ist prozessual damit umzugehen, wenn mehrere Gerichtsstände in Betracht kommen? → Rn. 302

Stichwortverzeichnis

Die Zahlen verweisen auf die Randnummern des Buches.